ひま

クラスが和む
教室環境
ほっこり
づくり
アイデア帳

明治図書

はじめに

　「ひまわりの会で，『授業力＆学級経営力』の裏表紙を執筆していただけませんか」と明治図書の矢口郁雄氏から依頼があったのは，3年前でした。当時，授業研究会や実践報告などを通して，研究を進めていたひまわりの会にとって，またとない機会と思い，快諾させていただきました。そして，ひまわりの会の会員の先生方に，このことを伝えたところ，「書きたい」という先生が多く，とても心強く思ったことを今でも思い出します。そして，いざ会員の先生方に書いていただいたところ，教室環境に関する様々な工夫やアイデアが出され，私自身，大変参考になることがたくさんありました。

　あれから3年。会員の先生方の実践がなんと100本も集まり，本が発刊されることとなりました。

　本研究会は，女性教師の会です。小学校教員は，女性の比率が高いにもかかわらず，研究会となると，どうしても男性教師の方が活躍している現状を考え，女性教師の活躍の場を広げたいという思いから発足されました。

　「小学校教員に男性も女性もない，同等である」というご意見ももちろんあることと思います。私も同じ気持ちです。ですが，女性には女性なりの気遣いやよさがあると思うのです。男性には男性なりのよさがあるように。

　今回のこの本には，その女性ならではのよさがよく表れているように感じます。ぜひ男性も女性も分け隔てなく手に取っていただければと思います。そして，これからもそれぞれのよさを学び合いながら，かわいい子どもたちのために，それぞれの力を発揮させていけるように願っています。

　最後に，この本を刊行するにあたって，明治図書の矢口郁雄氏には，多大なるご尽力を賜ったこと，深く感謝申し上げます。

2019年2月

永田美奈子

もくじ

はじめに

第1章
クラス全員が安心し,輝ける教室をつくろう

子どもを中心とした,子どものための教室環境をつくる ……… 008
教室環境は学級経営観,授業観の表れ ……… 008

第2章
クラスが和む
教室環境づくりのほっこりアイデア100

学級目標・自己紹介

みんなにがんばってほしいことは… ……… 014
友だちのサインを集めよう！ ……… 015
全員参加で学級目標をつくろう！ ……… 016
一人ひとりを尊重するクラスをつくろう！ ……… 017
秘密の暗号でスタート！ ……… 018
学級のめあてを決めよう！ ……… 019

生活の掲示物

日付＆時間割プレートをつくろう！ ……… 022
見通しバッチリ！ 1週間の時間割入り学級通信 ……… 023
朝の時間を有効活用しよう！ ……… 024
列車で成長の足跡を残そう！ ……… 025
「スズランテープ」と「ツーダンクリップ」で簡単掲示！ ……… 026
虹を掲示して,教室を明るい雰囲気に！ ……… 027

学習の掲示物

緑の色画用紙で大きなかぶ！（国語）………030
文章の構造を読み取ろう！（国語）………031
季節を感じる言葉で教室を彩ろう！（国語）………032
この本読もう！　様々な本に挑戦（国語）………033
みんな大好き！　謎解きコーナー（算数など）………034
クラスのみんなで見つけたことば！（算数）………035
みんなの言葉でまとめよう！（算数）………036
秋，みーつけた！（生活科など）………037
グルーピングして掲示しよう！（総合的な学習の時間）………038
What's this？（外国語活動）………039

子どもの作品

素敵な俳句展覧会を楽しもう！（国語）………042
画用紙や色画用紙を使って作品をアレンジしよう！（国語）………043
紋切遊びにチャレンジ！（算数）………044
保護者と一緒に楽しもう！（算数）………045
みんなでサッカーボールをつくろう！（算数）………046
時計をかこう！（算数）………047
時計をつくろう！（算数）………048
アレー図でタワーをつくろう！（算数）………049
箱で算数！　箱で図工！………050
校庭で見つけた秋で福笑い！（生活）………051
トイレットペーパーでかわいい動物をつくろう！（図工）………052
顔に見える場所を探そう！（図工）………053
特産品をふっくら立体的に仕上げよう！（図工）………054
掲示の仕方をひと工夫！………055

季節もの

子どもの日，1年生に兜をプレゼント！ ……… 058
きれいなあじさいをみんなの力で咲かせよう！ ……… 059
天の川と笹の葉で願い事を！ ……… 060
風を感じる七夕飾り！ ……… 061
季節を折り紙で感じよう！ ……… 062
工夫して季節の掲示物をつくろう！ ……… 063
落ち葉に目玉シールで楽しいしおりづくり！ ……… 064
Book Tree に実りの秋！ ……… 065
学年廊下を飾ろう！ ……… 066
季節の歌を折り紙で！ ……… 067
カルタをつくろう！ カルタで遊ぼう！ ……… 068
季節を感じる掲示物をつくろう！ ……… 069
新5年生に教えよう！ ……… 070
5年1組ありがとう！ ……… 071

係・当番活動

クイズでおはよう！ ……… 074
主体的に係活動に取り組もう！ ……… 075
学級内クラブを充実させよう！ ……… 076
係活動やる気アップ作戦！ ……… 077
「一人一貢献」でクラスをもっとよくしよう！ ……… 078
給食をもっと楽しもう！ ……… 079
クラスがよりよくなる活動をしよう！ ……… 080
創造的な係活動へのはじめの一歩！ ……… 081

行事

クラスの木を育てよう！……… 084
くす玉を割って，達成感を分かち合おう！……… 085
紙皿３D掲示で雰囲気を盛り上げよう！……… 086
サマースクールを企画しよう！……… 087
その時，その瞬間の想いを残そう！……… 088
消しゴムハンコをつくろう！……… 089
宿泊学習を成功させよう！……… 090
写真で学級の歴史を残そう！……… 091
スポーツの秋，さらに１UP！……… 092
みんなでつくろう，運動会！……… 093
みんながんばろう！　音楽発表会……… 094
行事の足跡を教室に残そう！……… 095
２分の１成人式を自分たちで演出しよう！……… 096
行事カレンダーは１年間の思い出アルバム！……… 097

誕生日

みんな大喜び！　１年生に贈る誕生日カード……… 100
学級全員で誕生日カードを贈ろう！……… 101
みんなで誕生日をお祝いしよう！……… 102
お誕生日は特別な日！……… 103

学級・集団づくり

教室掲示は年間を見通して！……… 106
朝の健康観察は学級づくりの第一歩！……… 107
オリジナルの学級通信題字をつくろう！……… 108
ビー玉をためて，学級の一体感を高めよう！……… 109
友だちに言葉の栄養をあげよう！……… 110

素敵な表現を学級全員で共有しよう！……111
クラスの年表をつくり上げよう！……112
話し合いを再現しよう！……113
みんなの声を聞かせて！……114
子どもたちの心がぴかり☆……115
花丸の活用で，学級づくりがもっとうまくいく！……116
まずは楽しもう！　すきま時間にちょこっとダンス♪……117
咲かせよう！　ありがとうの花，がんばりの花……118
班の協力，そしてリーダーづくり！……119

1年生

お祝い掲示を学習に生かそう！……122
みんなの名簿から習った文字を探そう！……123
新入生に校歌巻物を贈ろう！……124
「にこにこ言葉」を増やしていこう！……125
親子でしりとりをしよう！……126
1年生のプレゼントは先生の宝物！……127

管理・収納

職員室机をスッキリ使おう！……130
テスト，プリントをすっきり収納しよう！……131
掲示の仕方を工夫しよう！……132
みんなのアイデアで教室を整理整頓しよう！……133

第1章
クラス全員が安心し，輝ける教室をつくろう

子どもを中心とした，子どものための教室環境をつくる

　クラス全員が安心し，輝ける教室とは，子どもの立場から考えると，
「このクラスのみんなは，自分のことを認めてくれている」
「このクラスだと，人の目を気にせずに活動することができる」
「このクラスの一員でよかった」
などのように感じられる教室ではないでしょうか。
　そのような教室をつくるために，子どもを中心とした，子どものための教室環境をつくっていきましょう。

教室環境は学級経営観，授業観の表れ

　教師がその学級をどのようにしたいのか，授業をどのようにしたいのか，そのようなことが教室環境に顕著に表れてくるものだと私は思っています。つまり，教室環境は学級経営観，授業観の表れであるということです。

教室に掲示されているものは，ただ貼られているわけではありません。例えば，学習の掲示をしている先生は，そのことを子どもたちにしっかりと理解させたいという思いがあるのでしょうし，もし，それが子どもの考えであれば，「みんなはこんなふうに考えることができたのですよ」と，子どもたちをほめたい思いがあるのでしょう。まさに，授業観の表れです。
　それぞれの先生が，子どもたちのことを考え，それぞれの思いで貼られている掲示物は，それだけで価値のあるものです。ただ，忘れてならないのは，常に子ども目線の掲示であるべきだということです。例えば，単純に作品の掲示１つとっても，絵のような遠くから見えるものは上の方に，文章のように字が小さいものはできるだけ子どもの目線が届きやすい場所に貼ります。教室環境は，子どもたちのためのものですから，まずは，このようなことから意識していきたいものです。

　さらに，学級経営観，授業観とかかわって，次のことも大切だと思っています。
　「子ども全員が大切にされていると感じられる環境であるか」
　「教師だけではなく，子どもたちも一緒につくった環境であるか」

子ども全員が大切にされていると感じられる環境であるか

　子どもたちが教室に入ってきたとき，まずは「自分は確かにそこに存在している」「自分は大切にされている」と感じられるかどうかが大切です。
　そのためには，当たり前のことですが，すべての子どもの作品を同じように掲示することが大前提です。これは，「みんなのことを大切に思っているよ」という教師の気持ちの表れです。そのように考えると，できるだけ全員にコメントを書くことも大切かもしれません。それぞれのよさをほめると同時に，まわりの子どもたちに，その子どものよかったところを共有させることもできるからです。時間がないときは波線を引いて花まるだけのときもありますが，それだけでも「ここがいい」というメッセージにはなります。

教師だけではなく，子どもたちも一緒につくった環境であるか

　子どもたちの声をよく聞いて授業をつくっていくことはとても大切なことです。それは，教室環境も同じではないでしょうか。すべて教師がつくったものを掲示するのではなく，例えば，みんなで話し合った学級目標を子どもたちの手でつくっていくこともよいでしょう。見栄えはあまりよくないかもしれませんが，そこには，確かに子どもたちの息吹が感じられます。

　さらに，みんなで話し合っためあてができたら，ビー玉が1つ増えるなど，子どもたちと相談しながら教室環境をつくっていくことも大切だと思います。

　筑波大学附属小学校の田中博史先生は，「教師が決めたきまりごとは，なかなか崩すことはできないけれど，子どもたちが決めたことは，子どもたちの話し合いで変えることができる」とよくおっしゃっています。私もその通りだと思います。常に「こうでなければならない」という学級ではなく，子どもたちの話し合いのもと，「こう変えていけばいい」と柔軟に思考できる学級を育てていきたいものです。

　さて，次章で紹介する教室環境づくりの100のアイデアは，ひまわりの会の教師が普段行っている工夫を集めたものです。ダイナミックなアイデアもあれば，心配りが施されたアイデアもあります。これらの中には，誠実に子どもと向き合い，真剣に子どもと対峙する先輩教師の方々から教えていただいたものも多く含まれています。私たちも，若いころは形を真似することから入りましたが，真似しているうちに，その根底に流れる学級経営観や授業観に気がつきました。ですから，掲示物やアイデアそのものだけでなく，そのような学級経営観や授業観も，きっと感じ取っていただけるはずです。

（永田美奈子）

第2章

クラスが和む
教室環境
づくりの
ほっこり
アイデア
100

学級目標・自己紹介

学級目標は子どもたちや教師の思いを表すものに！

「こんなクラスにしたい！」という子どもたちの思いや教師の願いを言葉や形で表したものが学級目標です。「つくってみたけれどうまく活用できない…」となりがちですが、学級で何か問題が起きたときや学級単位で行事に取り組む際に、いつも学級目標に立ち返るようにすると「お飾り」にはなりません。

まず、「こんなクラスにしたい！」という教師の願いを語ります。

次に、子どもたちに、それぞれがどんな学級にしたいのか考えてもらいます。このとき、近くの友だちと相談したり、班ごとに相談したり、一人ひとりが使いたい言葉を考えたりしてもよいと思います。はじめに教師が願いを語っているので、高学年の子どもたちは特に、その願いを受けて、どんなクラスにしたいのか考えようとする姿が見られます。そして、子どもたちからは、「仲のよい」「互いに助け合える」「一人ひとり」「何事にも全力で取り組む」といった言葉やフレーズがあがってくるでしょう。

最後に、班やグループ、個人で、考えた内容を発表してもらいます。似た言葉のどちらを採用するか、絶対に残したい言葉はどれにするか、といったことを検討したうえで、これらの言葉をつなげ、1つ、または2つ、多くて3つぐらいの文章をつくります。

> 27人27色(いろ)
> みんなを尊重するクラス‼

この学級目標づくりは，学級の子ども一人ひとりのいろいろな考えがあるからこそつくり上げることができるのだと子どもたちに伝えながら，取り組むことが大切です。

自己紹介で友だち，学級づくり

　クラス替えがある学年の子どもたちは「みんなと仲良くなれるだろうか」と不安でいっぱいです。だからこそ，はじめの自己紹介は子どもたちにとって重要になります。例えば，「好きな食べ物」「好きな遊び」というお題で，自分の名前とあわせて，歩いて全員に伝える場面をつくると，積極的に動けない子どもたちも安心して話すことができます。

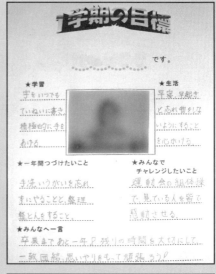

　自己紹介カードは「1学期の目標」と兼ねることもできます。「みんなへ一言」や「みんなでチャレンジしたいこと」という項目を設け，チャレンジは一人ひとりが書いた内容も一覧にして，学級全員でチャレンジしていくと，みんなで協力する，楽しむ場面が増えます。また，教師も黒板メッセージやスピーチなどのひと工夫で，子どものハートをガッチリつかみましょう！

　ここからは，「学級目標・自己紹介」の具体的なアイデアをご紹介します！

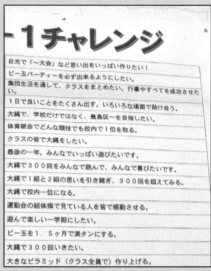

（河内麻衣子）

学級目標・自己紹介

みんなにがんばって
ほしいことは…

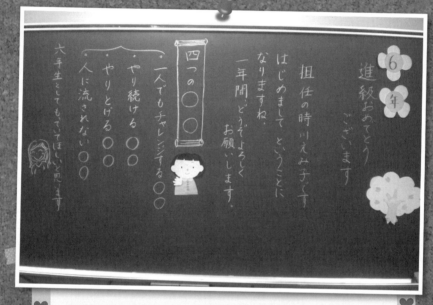

　担任する子どもたちとはじめて顔を合わせる始業式。
　私の自己紹介は、「先生に質問がある人？」と聞くことから始まります。必ず出てくるのが、年齢への質問。「はじめて会う年上の女性にいきなり聞くとは」とサラッと返します。そして「先生への質問を3つまで決めてください」と言うと、「え〜っ！」とざわめきが。「干支はどう？」「いや、何年勤めているか聞こう」とあれこれ質問を考える子どもたち。「班ごとで話し合っていいですか？」「順番をこうしたらいいよ」と、初対面同士でも楽しく交流が始まります。
　最後に、一人ひとりががんばってほしいことをクイズ形式で問います。上の写真の答え（○○の部分）は「勇気」。
　後日の保護者会で、初日からたくさん話し合い、質問や交流が盛んだったクラスの様子を伝えると、保護者も笑顔になります。

（時川えみ子）

友だちのサインを集めよう！

　4月，新学年の始まり。
　クラス替えのある学年の子どもは，ワクワク，ドキドキ大騒ぎです。でも，新しいクラスメイトには，きっかけがないと自分から声がかけにくいもの。そこで紹介するのが「サインを集めよう！」の活動です。
❶10個程度の質問が書かれたワークシート（左上写真）を用意する。
　（「はい」，「いいえ」で答えられる質問とし，最後の質問は子どもたちに考えさせる）
❷教室内を自由に動き，出会った友だちと名前を言い合う。そして，「この質問なら『はい』と答えてくれそうだな」と思う質問をする。
❸答えが「はい」だったら，ワークシートにサインがもらえる。
❹最後に握手をし，また次の相手を見つける。
　サインをもらった子どもたちは，どの子も笑顔。教室が明るい雰囲気になります。

（吉村　智美）

学級目標・自己紹介

全員参加で学級目標をつくろう！

　4月のはじめに子どもたちと学級目標を立てるとき、まずグループごとに、「学習」「生活」「運動」の3つの点からどんなクラスにしたいか話し合いました。そして、それぞれのグループから出された目標を黒板に書いてもらいます。その中から、どこかのグループの目標を選ぶのではなく、共通している内容はまとめ、違う内容については、みんなで話し合いながらできるだけ1つにまとめていきました。そのため、文章は少し長くなってしまいましたが、子どもたちの意見が取り入れられ、笑顔で目標を決めることができました。

　目標が決まったら、それをどう掲示するかを話し合いました。字は全員が書けるように、丸く切った画用紙に1文字ずつ書くようにしました。まわりには、「顔写真」「手形」「似顔絵」などいろいろ案が出されましたが、みんなで話し合って手形にしました。

（加藤　彰子）

一人ひとりを尊重するクラスをつくろう！

27人27色 みんなを尊重するクラス!!

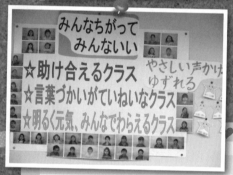

　学級目標を考えるときに大切なのは，どんな学級にしたいのか子どもたちと一緒に話し合うことです。

　6年生の子どもたちに「最上級生として，いろいろな仕事を任され，時には嫌だと思うこともあるかもしれないけど，一人ひとりが自分の力を発揮して，快く取り組んでほしい」と話しました。このように，どんな学級にしたいかを聞く前に，担任の気持ちを伝えます。

　すると，「十人十色という言葉があるけど，クラスの人数が27人だから27人27色はどうか」「互いに尊重し合いながらいろんなことに取り組めるといい」といった意見があがり，「27人27色　みんなを尊重するクラス!!」という目標ができました。

　時には，大きなテーマを担任が提示し，そこから各自が友だちのためにできることを考え，人数分の目標を考えるのもよいと思います。

（河内麻衣子）

学級目標・
自己紹介

秘密の暗号でスタート！

　学級目標を考えたり，新たなスタートを切ったりする前に，教師からのメッセージ（年賀状，寒中見舞いカード，夏休み暑中見舞いカード，お楽しみカード等）の中で１文字ずつ秘密の暗号を伝えます。そして，一人ひとり異なる暗号を，名簿順，奇数偶数順，公倍数，約数など，子どもたちの成長に応じた解読方法に従って整理します。子どもたちは，それぞれの暗号を聞き合い，黒板やノートに整理しながら，暗号を解読しようと必死です。

　学級目標を考える際は，教師からのメッセージをキーワードに，どんなクラスにしたいかを考え，「こんなクラスにしたいBINGO」をしたり，「こんなクラスにしたい30秒ペアトーク」をしたりします。

　子どもたちの距離が自然と近くなり，共感し合うことからスタートしたいと考えています。

（谷内　祥絵）

学級のめあてを決めよう！

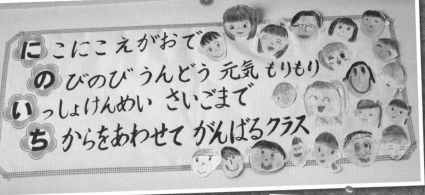

　5月は，子どもたちとともに学級のめあてを定めたい時期です。学級のめあては，子どもたちにとって理想であり，担任にとっては学級づくりのよりどころです。以下のようにして子どもたちと考えていきます。

❶学校目標・学年目標を受けて，担任としての経営方針を考える。
❷どんな学級にしたいのかを話し合い，使いたい言葉を出し合う。
❸その言葉の中から「合い言葉」を見いだし，具体的な目標にする。

　大事なのは，❷で子どもたちの気持ちをたっぷりと出させることです。子どもたちの思いを受け止め，担任の経営方針とすり合わせながら，子どもたちの言葉から合い言葉を見いだし，学級のめあてを決めます。

　合い言葉を入れることで，自分たちの目指す姿を日々の学習や生活につなげやすくすることができます。帰りの会で，合い言葉に照らし合わせて自分たちの行動を振り返り，めあての達成を喜び合ったり，反省したりします。また，めあての達成時に透明な瓶にビー玉を貯めることで，達成の度合いを可視化します（2016年6月号参照）。

（伊藤真由美）

生活の掲示物

毎日の掲示は全員でつくろう！

　毎日子どもたちが生活をする教室。だからこそ，毎日掲示するものは，クラス全員でつくりたいものです。

　例えば，黒板の日付や時間割。右の写真は，5年生の子どもがつくったカードです。上学年であれば，自分たちで一から日付カードや時間割カードをつくることができます。紙を適当な大きさに切り，子どもたちにつくるもののイメージだけ伝えます。すると，自分たちでデザインを考え，アイデアいっぱいの作品ができてきます。下学年であれば，白抜きの文字をプリントアウトして，色を塗るだけにすることもできます。字を書くのが苦手な子どもも楽しく活動することができます。

　このように，子どもたちが自分でつくった掲示が黒板に貼り出されることで，

　「あっ，今日はぼくの字だ」

　「○○ちゃんのデザインかわいいね」

と毎日黒板を見るのが楽しくなるでしょう。そして，何よりクラスの一員として学級づくりに参画する意識を高めることができるのではないでしょうか。

子どもたちのアイデアを掲示物へ

　他にも，教室内の掲示に，季節の掲示や学習コーナーの掲示などがあります。教室内の掲示は，係の子どもに任せます。楽しみながらだれにでも簡単にできる方法について，子どもたちと一緒に考えます。例えば，「100円ショップで購入できる季節のインテリア商品を使ってはどうか」というアイデアが出されます。ただ，そのまま使ってしまうと，既製品を飾るだけになるため，1つだけ使いたい商品を選び，その商品をアレンジしてつくるようにします。下の写真は，10月の掲示計画書とそのとき作成した掲示物です。

　時間短縮にもなり，ちょっとしたアレンジに子どもなりのアイデアが光ります。絵や工作が苦手な子でも楽しんでつくることができます。さらに，たくさんつくっていくうちにアイデアもレベルアップしていきます。

　また，学習コーナーなども子どもたちのアイデアを入れることで，全員が興味をもって見てくれるようになります。最初は教師が例示してみるとよいでしょう。すると，子どもたちの方から，「私もやりたい」「ぼくのも貼っていい？」と言ってきます。子どもたちのアイデアがたくさんあふれる教室掲示で楽しい学校生活にしていきたいものです。

　ここからは，「生活の掲示物」の具体的なアイデアをご紹介します！

（加藤　彰子）

生活の掲示物

日付＆時間割プレートをつくろう！

　黒板掲示用の日付と時間割を子どもたちにつくってもらっています。
　今年度は5年生の担任なので，文字もデザインもすべて子どもたちのアイデアに任せました。3年生を担任したときは，パソコンで白抜きの文字をプリントアウトし，子どもたちが色を塗ったり余白に絵をかいたりできるようにしました。字を書くのが苦手な子どもも「それならできる！」と意欲的に作成することができました。係に任せるのではなく，クラス全員でつくることで，黒板を見るのが楽しくなります。
　最後にラミネートをかけて，裏にマグネットシートを貼り，完成です。1年間続けて使用することができます。
　子どもたちは，「今日はぼくの書いた字だ！」「明日は私のだよ」と5年生でもうれしそうに話しています。

（加藤　彰子）

見通しバッチリ！1週間の時間割入り学級通信

5月22日（月）～の予定

運動会の練習も最後の追い込みの週になりました。当日に向けて、子ども達は一生懸命練習に励んでいます。暑さも加わり、毎日の練習で疲れもでてくるころだと思います。ゆっくり休んで次の日が迎えられるように、体調管理をよろしくお願いします。

曜日	5/22 月	5/23 火	5/24 水	5/25 木	5/26 金	5/28 日	5/30 火
行事	児童朝礼 白いし2次		委員会	水着販売	普通4校時 運動会準備 5・6校時	運動会	運動会予備日
朝の会							
1	国語	算数	体育（中）（運動会練習）	体育（全体練習）	国語		国語
2	社会	家庭科	音楽	国語	算数		家庭科
3	算数	国語	体育（全体練習）	算数	理科	運動会	社会
4	国語	体育（運動会練習）	算数	図工	学活		算数
昼休み							
5	体育（運動会練習）	体育（中）（運動会練習）	社会	外国語	運動会準備		理科
6	わくわく	委員会		体育（運動会準備）			わくわく
下校	14:55	15:55	15:55	15:55	15:55	15:40	15:55

5月9日、家庭科室で初めての調理実習がありました。今回はお茶を入れて飲みました。各グループで役割を決め、協力しながら作業を進めていました。運動会が終わると、いよいよ本格的な調理実習も予定されています。

11月27日（月）～の予定

早いもので、今週末には12月に入ります。今年は冬の訪れが早く、教室にもストーブが用意されました。（22日の水曜日にはあまりの寒さにストーブをつけました。）

曜日	11/27 月	11/28 火	11/29 水	11/30 木	12/1 金	12/4 月
行事	あいさつ運動 学年朝礼 朝読書（～12/1）	教育相談（豊成・福志西）	委員会 ロング昼休み			全校テレビ朝礼 校内人権週間（～8日） よいことみつけ（～8日）
朝の会						
1	理科	家庭科	国語	体育（中）	国語	理科
2	理科	家庭科	算数	算数	音楽	理科
業間						
3	国語	体育	国語	図工	理科（テスト）	国語
4	学活	算数	音楽	図工	算数	学活
昼休み						
5	算数	外国語	図書	国語	社会（安倉先生）	算数
6			委員会	道徳	社会（安倉先生）	
下校	14:55	14:55	15:55	15:55	15:55	14:55

24日（金）のチャレンジタイムには、第2回漢字大会がありました。それまでの練習の成果を発揮しようと、真剣に取り組んでいました。結果が楽しみですね。

毎週月曜日に、子どもに1週間の予定表を渡します。

特に、特別支援学級の子どもたちは、自分の学級と交流学級の両方で授業を受けるので、上の例のように時間割を色分けしてつくります（グレーが交流学級での授業予定、白が支援学級での授業予定です）。

ただ時間割を入れただけの予定表ではなく、前の週の子どもの様子の写真を入れることもポイントです。これに保護者向けのメッセージを添えることで、学級通信の役割も果たしています。

通常学級でも、予定表に持ってくるものや宿題なども入れるとわかりやすくなります。

（平岡　陽子）

生活の掲示物

朝の時間を有効活用しよう！

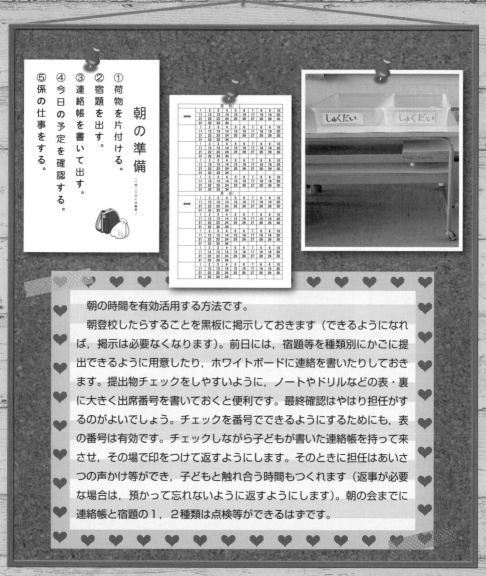

朝の準備（一例：一〇分に設定）
① 荷物を片付ける。
② 宿題を出す。
③ 連絡帳を書いて出す。
④ 今日の予定を確認する。
⑤ 係の仕事をする。

　朝の時間を有効活用する方法です。
　朝登校したらすることを黒板に掲示しておきます（できるようになれば，掲示は必要なくなります）。前日には，宿題等を種類別にかごに提出できるように用意したり，ホワイトボードに連絡を書いたりしておきます。提出物チェックをしやすいように，ノートやドリルなどの表・裏に大きく出席番号を書いておくと便利です。最終確認はやはり担任がするのがよいでしょう。チェックを番号でできるようにするためにも，表の番号は有効です。チェックしながら子どもが書いた連絡帳を持って来させ，その場で印をつけて返すようにします。そのときに担任はあいさつの声かけ等ができ，子どもと触れ合う時間もつくれます（返事が必要な場合は，預かって忘れないように返すようにします）。朝の会までに連絡帳と宿題の１，２種類は点検等ができるはずです。

（平岡　陽子）

列車で成長の足跡を残そう！

　１年生の生活・学習の様子の写真を月ごとに貼り，それぞれの月を列車に見立てて紙テープでつなぎます。入学式から，月ごと，学期ごと，１年と振り返ることができます。模造紙を壁に貼り，その上に列車掲示を貼るので，飾りなどもそのまま糊で貼りつけることができます。

　また，生活科のたんけんで見つけた自然や昆虫，図工科の作品などを季節ごとにまとめて貼ると，四季折々の変化を楽しむこともできます。子どもたちは，列車が増えるたびに，自分たちの成長を楽しそうに振り返っていました。

　また，「１年かんをふりかえろう」の学習では，模造紙のまま黒板に貼ることで，写真を見ながら振り返ることができます。中学年では係活動で取り組んだこともあり，学期ごと，季節ごとと写真を貼るだけなので，休み時間を使って取り組むことができ，係活動にもおすすめです。

（谷内　祥絵）

生活の掲示物

「スズランテープ」と「ツーダンクリップ」で簡単掲示！

　「スズランテープ」と「ツーダンクリップ」を使った教室掲示を紹介します。

洗濯の物干し竿風にアレンジ
　「外国語活動」の時間につくった色とりどりのTシャツに，両面テープをつけてスズランテープに貼りました。竿ロープに風が吹くと揺れるTシャツ掲示です。

「あ〜した天気になあれ！」
　スズランテープにてるてる坊主をつけると，あっという間にカーテンに変身！

スズランテープ＆ツーダンクリップ
　スズランテープにツーダンクリップをつけ，「朝マラソンカード」や「友達PRポスター」を掲示しました。掲示したものを取り外して書き加えたり，子どもたちの目線で掲示したりできるので大人気です。

（谷内　祥絵）

虹を掲示して，教室を明るい雰囲気に！

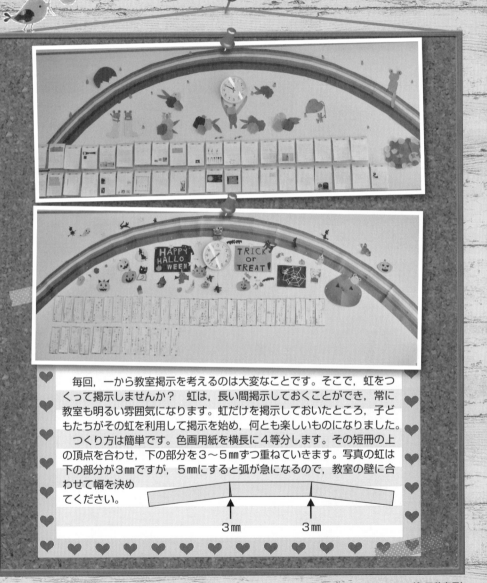

　毎回，一から教室掲示を考えるのは大変なことです。そこで，虹をつくって掲示しませんか？　虹は，長い間掲示しておくことができ，常に教室も明るい雰囲気になります。虹だけを掲示しておいたところ，子どもたちがその虹を利用して掲示を始め，何とも楽しいものになりました。

　つくり方は簡単です。色画用紙を横長に4等分します。その短冊の上の頂点を合わせ，下の部分を3〜5mmずつ重ねていきます。写真の虹は下の部分が3mmですが，5mmにすると弧が急になるので，教室の壁に合わせて幅を決めてください。

（永田美奈子）

学習の掲示物

学習の足跡を残そう！

　教師がつくる学習の掲示物は，これまでの学習の足跡になっているものが多いと思います。板書を再現して掲示したり，板書をデジカメで撮ったものをそのままポスター印刷で掲示したりする場合もあると思います。

　また，要点だけをまとめた掲示物もあるでしょう。例えば，算数では，算数用語の説明や公式をまとめたものが考えられます。国語では，言語に関する内容のまとめや，言葉の意味，あるいは物語文における人物相関図などなど…。

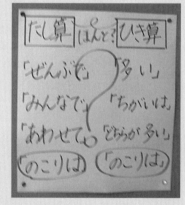

　前時までの振り返りができる掲示物をつくることで，本時の学習のスタートをそろえることができます。本時でわからないことがあったら，これまでのノートを見返すことに加えて，学習の掲示物を見る。そうすることで，課題を解決するために，どの情報を使えば課題が解決できるかという情報を選ぶ力も身につきます。

　知っていても使えない，ということがよくあります。普段の授業で，情報を選んで使う力をはぐくんでみませんか。

子どもと一緒につくる掲示物！

　子どもと一緒につくったものを掲示することもあります。

　右の写真は，総合的な学習の時間の掲示物です。調べ学習のテーマを決めるため，それぞれが疑問に思ったことを書き出してもらい，それを掲示することでテーマ決めの手助けになるようにしました。

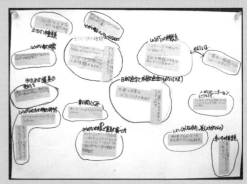

　また，子どもたちがつくり上げていく掲示物もあると思います。読んでもらいたいなと思う本を月に何冊か掲示します。そして，その本を読んだ子どもは，本の感想を書いて貼っていきます。「読書の木」をつくって，読んだ本の題名や簡単な感想を貼ることもあります。（表紙画像：長谷川集平『ホームランを打ったことのない君に』（理論社））

　他にも，朝の会で群読するために詩や季節の言葉を掲示して，掲示物で季節を感じるのもいいですね。そして，授業で子どもたちがつくった作品を素敵に掲示することで，教室が一層華やぎます。

　掲示物で，季節を感じたり，学びを確かなものにしたり，そして学習をさらに広げたり…，教室をそんな空間にしてみませんか。

　ここからは，「学習の掲示物」の具体的なアイデアをご紹介します！

（桑原　麻里）

学習の掲示物

緑の色画用紙で大きなかぶ！（国語）

　「大きなかぶ」の最終段階。好きなところを声に出して表現するという学習。グループごとに場面を選んで役割を決めて音読を練習します。

　役割ごとに自分たちでお面を作成します。学習の途中から，黒板いっぱいに広がる成長したかぶの葉だけを全判の画用紙で誇張して作成し，磁石で広がるように掲示すると，子どもたちの表情がぱっと明るくなり，気持ちが高揚しました。

　かぶの役割になった子が，葉の中心に立つと，「大きなかぶ」そのものに見えます。「うんとこしょ　どっこいしょ」と，大きなかぶを力を合わせて抜く場面を楽しそうに表現することができました。

　葉は，大きな袋に入れて保管することができ，学年で使い回すことができます。

（伊藤真由美）

文章の構造を読み取ろう！（国語）

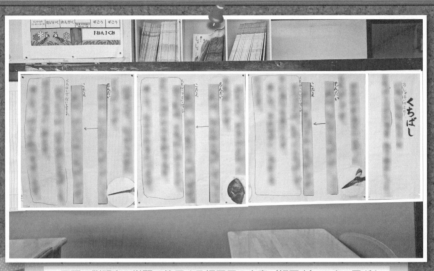

　国語の説明文の学習で使用する掲示用の文章（視写文）です。子どもたちが視覚的に全体をとらえやすくなるように，段落ごとに色のちがうロール紙を使用しています（上の写真では，白い枠ごとに紙の色が違っています）。はじめと終わりの段落には白を使うことにしています。これは，文章の構造がとらえやすくなるからです。

　実物投影機などもよく使いますが，教材文の提示はアナログの方が便利だと思います。文字の大きさを加減することで改行する箇所を意図的に決めることなどができますし，上のような工夫で文章構造をわかりやすくすることもできます。また，話し合いに慣れてきたら，出てきた考えを空いているところにどんどん書き込めます。

　ちなみに，上の写真は毛筆で書いています。墨の濃さなら，後ろの席からでもはっきり見えて便利です（乾かす時間やスペースがないときはペンで書いています）。

（泉澤　貴子）

学習の掲示物

季節を感じる言葉で教室を彩ろう！（国語）

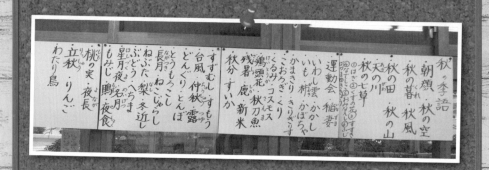

　毎月，詩を掲示して朝の会の中で音読させています。「素敵な詩にたくさん出合わせたい」「語彙を増やしたい」「全員で声を合わせることを1日1回はしたい」といった理由で取り組んでいます。

　「俳句」の学習をしてからは，季語を掲示して読ませています。はじめのうち，子どもたちは知らない言葉に興味を示していました。そうしているうちに「いなづまじゃないの？　いなずまなの？」と読み方に目をつける子どもが出てきました。また「仲秋って何？」という疑問から，二十四節気の話になりました。さらに，「桃の実」は秋の季語だけど，「桃の花」は春の季語ということ，俳句で「いも」とは里芋のことを指すということなどなど，他の話をするきっかけにもなり，少しずつですが，語彙や知識を増やすことができています。

　俳句の学習は，1句つくっておしまいではもったいないので，日常を「季節を感じる言葉」で彩ってみませんか。

（桑原　麻里）

この本読もう！様々な本に挑戦（国語）

　本好きな子どもが多い5年生の担任をしています。
　子どもたちが好んで読む本を見ると，絵が多いもの，自分の好きなシリーズのもの…など，ジャンルに偏りがあるので，ときどきはあまり読むことのなかったジャンルの本を読んで，新しい世界に触れてほしいなと思っていました。
　そこで，教科書を活用することに！
　国語の教科書には，説明文や物語文の最後のページに，その作品のテーマに沿った本が4冊程度紹介されているので，「この中のどれか1冊は読んでみよう！」と声かけします。
　そして，紹介されている本の題を画用紙に書いたり，表紙を貼ったりして，そのまわりに子どもが書いた感想を貼ります。まだその本を読んでいない友だちのために，ネタばれしそうな箇所は，○○と書くなど，子どもたちなりに工夫して感想を書いていました。
　黄色の紙で書かれた感想は，「もう一度読みたい！」「ぜひみんなにも読んでほしい！」というおすすめの本です。色分けすることで，次にどの本を読もうか迷っている子の参考になりますよ。
※表紙画像：長谷川　集平『ホームランを打ったことのない君に』（理論社）

（桑原　麻里）

学習の掲示物

みんな大好き！
謎解きコーナー（算数など）

挑戦者名（　　　　　　　　　）
考えた人の名前をかこう。何人かで考えたらみんなの名前をかいてね。

次の整数どうしの計算が正しくなるように、すべての□に数字（0，1，2，…9）を書き入れましょう。

```
        2 0 1 6
   ×    □ □ □
      □ □ □ □
      □ □ 4 □
    □ □ □
    □ □ □ 0 □ 0
```

2016算数ジュニアオリンピックから出題

謎解きマスターからの挑戦状

☆　問題は一人一枚ずつ。
☆　まずは一人で考えてみよう。
　（どうしてもわからないときは
　　友達と一緒に考えてもいいよ。）
☆　できたら、もってきてね。

きみは何問できるかな？

なみぬい

●学習コーナー
　授業で出てきた考え方も掲示していますが、子どもたちから好評なのが「謎解きコーナー」です。「漢字の暗号文」や「虫食い算」「都道府県クイズ」などを掲示しています。1週間程度解答を募集し、正解した子どもの名前を掲示物の下に貼っていきます。すると、「次は自分も！」と回数を重ねるごとに挑戦者が増えていきます。そして、また新しい問題を掲示します。最近では、子どもたちも自分が考えた問題を掲示してほしいと言ってきています。

●家庭科の縫い方の掲示
　右下の写真は、家庭科の裁縫で基本の縫い方を学習したときの掲示です。滑り止めマットと綴りひもを使うことで、縫い方が大きく提示できるので大変便利です。

（加藤　彰子）

クラスのみんなで見つけたことば！（算数）

　「子どもの言葉で授業をつくる」ということを目指し，授業の中で聞こえてきた子どもたちの素敵な言葉を集めます。
　「だって」「〜だから」「まず」「だったら」「たとえば」など，子どもたちが言った言葉と日にちを黒板の端に書いていきます。子どもたちは，これらの言葉をちゃんと使っているのです。
　子どもたちは，言葉が増えるたびに大喜び。書ききれなくなったら，画用紙に書いて，黒板の上の方に掲示していきます。
　「まちがえると，見えないものが見えてくる」「まちがえたら新しい勉強が生まれる」「ためしてみなくちゃわからない」などの言葉を子どもたちが言ったときは，大いにほめてあげましょう。失敗をも楽しんで，次にやってみたいことへ挑戦してほしいからです。
　クラスによって集まる言葉も様々で，比べてみるのも楽しいものです。そうして，クラスのみんなで助け合う気持ちも大きく膨らんでいきます。

（田中　敬子）

学習の掲示物

みんなの言葉でまとめよう！（算数）

　算数で学習したことをわかりやすくまとめて掲示します。ポイントは，授業の中で子どもたちが言った，そのままの言葉でまとめることです。その方が子どもたちの素直な感覚のまま振り返ることができます。

　1〜9までの数字から，2つ選んでひき算をつくる題材。授業中の子どもたちのそのままの言葉を書きます。答えを書き，どんな時にその答えになるか「じゅんばん」「1ことばし」「2ことばし」などと関連づけて整理していきます。子どもたちで発展させた内容は赤で書いておくと，「次も整理したい，発展させたい」と意欲が高まるようです。

　また，文章題で「ぜんぶ」「ちがいは」「のこりは」といった言葉だけで子どもたちが式を決めていたときは，「ほんと？」と書いた右上のような掲示物をつくることで，絵や図をかきながら文章を読み取り，式を決めることができるようになりました。

（田中　敬子）

秋，みーつけた！
（生活科など）

　　生活科で育てたサツマイモ。とても小さなサツマイモがたくさん採れたので，新聞紙の上に山盛り置いておくと，子どもたちが大きいもの順に並べ始めました。その日から「大きさくらべコーナー」がスタート！
　　休み時間になると「今日は，大きい順！」と，子どもたちは自分たちで太さや大きさ，重さ等，友だちと何を基準に並べるかを考えながら，サツマイモを比較し合っていました。
　　「アサガオつるツリー」は，アサガオのつるの長さ比べをした後，色画用紙でつくったトンガリ帽子に巻きつけ，生活科「あきみつけ」で拾ってきたドングリ等をグルーガンで接着したものです。
　　「どんぐり〇個分のツリー完成！」「つるを巻いた回数は〇回！」と大きさや長さを比べながら，子どもたちのステキな「秋ツリー」が完成しました。

（谷内　祥絵）

学習の掲示物

グルーピングして掲示しよう！
（総合的な学習の時間）

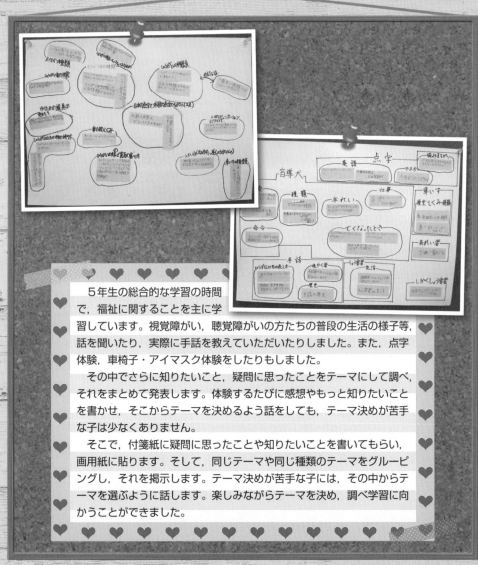

　5年生の総合的な学習の時間で，福祉に関することを主に学習しています。視覚障がい，聴覚障がいの方たちの普段の生活の様子等，話を聞いたり，実際に手話を教えていただいたりしました。また，点字体験，車椅子・アイマスク体験をしたりもしました。
　その中でさらに知りたいこと，疑問に思ったことをテーマにして調べ，それをまとめて発表します。体験するたびに感想やもっと知りたいことを書かせ，そこからテーマを決めるよう話をしても，テーマ決めが苦手な子は少なくありません。
　そこで，付箋紙に疑問に思ったことや知りたいことを書いてもらい，画用紙に貼ります。そして，同じテーマや同じ種類のテーマをグルーピングし，それを掲示します。テーマ決めが苦手な子には，その中からテーマを選ぶように話します。楽しみながらテーマを決め，調べ学習に向かうことができました。

（桑原　麻里）

What's this?
（外国語活動）

"What's this?" "It's a ___."

　これは，5年・外国語活動「Hi, friends! 1」"What's this?"の学習で使用したクイズカードです。色画用紙を様々な大きさに切り，クラフトパンチで穴を開けたり，真ん中をくり抜いたりしてつくったものです。

　一部分しか見えないので，子どもたちは，"Up！""Down！""Right！""Left！"など，動かして欲しい方向を指示したり，他のカードを組み合わせて問題をつくったりしていました。アルファベット以外にも，漢字や地図記号，国旗，好きなキャラクターなどを隠してアレンジすることもできます。

　また，何種類かをセットにして封筒に入れておくと，ペアやグループでの活動時にも使えて便利。シーズンごとに種類を変えるのもおもしろいです。どの学年でも応用できるので，学級開きアイテムにも使えます。

　あっという間に「教室"What's this?"コーナー」のでき上がり！

（谷内　祥絵）

子どもの作品

子どもの思いを形に

　作品づくりは，国語，算数，図工，生活科，学級活動など，様々な時間に行われます。教科によってねらいが異なりますが，いずれにしても，子どもの思いや願いを言葉，色，絵，図，記号など，形にしていくという点は共通しています。一人ひとりの思いや願いは唯一無二のものなので，どの作品も大切にしたいものです。みんなの目に触れ，心に届くものでもあるので，子どもたちの貴重な作品は丁寧に扱いたいものです。

子どもたちの活動には，大人が「いらない」と思うものをよく使います。空き箱，空き容器，包装紙，ストロー，トレイなどのいわゆる廃材ですが，子どもたちにとってこれらは宝物で，作品づくりの素材そのものです。子どもたちの目線で（子どもたちの活動を頭に思い描いて），身の回りを見回してみると，つまらないと思っていたものが，素敵な素材に見えてきます。子どもの目線でものを見てみることって，大切だと思います。

　作品ができたら，次は，掲示の仕方です。全員の作品を掲示するのはもちろんのことですが，どのように掲示するかの工夫次第で，見え方が大きく変わります。

　低学年では，「合科」による教科をつなぐ，教科を越える学びが，より子どもたちの自然な活動に近いと感じる場合もあります。国語で作成した詩や作文に絵を添えたり，お気に入りの詩に合った絵をかいてみたりすることで，子どもたちの想像力も高まります。

　右下の写真は，算数科の学習で10の構成遊びをしたときの磁石の様子です。数の構成が視覚化され，きれいな階段模様ができて歓声が上がります。数の構成の美しさも感じ取ることができます。子どもたちの素直な表現に，ほっこりと心が温かくなります。

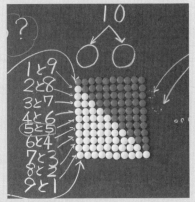

　ここからは，「子どもの作品」の具体的なアイデアをご紹介します！

（伊藤真由美）

子どもの作品

素敵な俳句展覧会を楽しもう！（国語）

　5年生の国語の教科書に、俳句の単元があります。1句つくって終わりではなく、それぞれの季節に俳句をつくって、みんなでその季節を感じました。

　1枚の写真を見て、みんながそのテーマで俳句を書くこともあります。また、歳時記を見て季語をたくさん調べ、その季語を頼りに自分の体験に結びつけたり、想像をふくらませたりしました。

　今回は、1枚の写真から「運動会」をテーマに俳句をつくりました。俳句のテレビ番組を見ている子どもたちからは、「『運動会』という季語を使わずに仕上げてもいいですか？」との声。真剣に取り組みました。短冊はマスキングテープで縁取り、見た目も一人ひとりオリジナルなものに仕上げました。俳句のまわりには、友だちがコメントを書いた付箋が貼られています。

　言葉のもつ魅力に触れる、素敵な俳句展覧会になりました。

（桑原　麻里）

画用紙や色画用紙を使って作品をアレンジしよう！（国語）

　国語の学習の中や行事等を終えて短歌や俳句を詠む際，作品を画用紙に書かせています。

　細筆（書写とは別用）と墨汁（給食のデザートカップ等に少量入れる）を用意し，下書きをせずに一気に書かせます（文字の勢いを大切にしたいため）。「墨がにじんじゃった！」「墨落としちゃった！」と子どもたちの声が聞こえてきますが，「失敗を活かす！」を合言葉に，絵でアレンジしたり，模様に見せかけたりと楽しみます。

　左下の写真のように，コーヒーフィルターに書かせて，色画用紙に貼るとひと味違った雰囲気になります。朱書きの筆ペンを数本用意し，落款印のように名前の一字を書かせると，さらに素敵に！

　筆を使って書かせると，線がはっきりし，乾いてから絵具で色をつけると，濃淡の味わい深さとは違った作品になります。

　写真は，3年「のはらうた」，5年「俳句」，6年「詩」です。

※コーヒーフィルターの実践は，白石範孝先生に教えていただきました。

（谷内　祥絵）

紋切遊びに チャレンジ！（算数）

子どもの作品

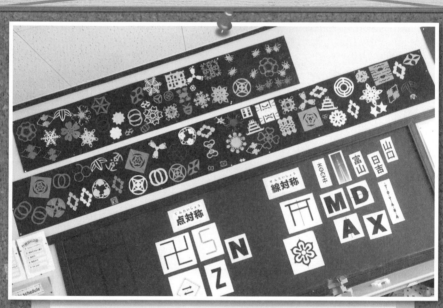

　「紋切遊び」とは，江戸時代の後期に庶民の間で流行した遊びです。正方形の紙を折り，型に沿って切り抜いて広げると，美しい「紋」が現れます。

　子どもたちは，つくった図形を見ながら，線対称な図形や点対称な図形の性質について考え，対象の軸が何本あるか，どのように回転すればよいか等を友だちと分析し合っていました。

　事前に黒色（折り紙が映える色）画用紙を帯状に黒板に貼っておくことで，子どもたちは完成した図形を直接貼りつけて，自分たちの作品を鑑賞しながら取り組み，そのまま教室掲示として作品を飾ることができます。

【参考文献】
・盛山隆雄『教育研究』2016年9月号

（谷内　祥絵）

保護者と一緒に楽しもう！（算数）

　参観授業のネタ※で，直方体の展開図がいくつあるか考えます。立方体の展開図が11種類あるから直方体の展開図も11種類でしょうか？
　まず，グループごとに直方体を1辺ずつ切り開くゲームをします。他のグループと違う展開図ができたら成功です。展開図を黒板に貼ると…，あれ？　何だか同じような形がある。ということは，11種類じゃない？
　直方体の展開図が立方体の展開図に似ていることを確認したら，それを基に，直方体の展開図をつくります。ここで，保護者にも子どもと一緒につくってもらいます。ちょっと難しい時期になってきた高学年の子どもたちと保護者がふれ合うよいチャンスです。ああでもない，こうでもないと，ほっこりムードになります。
　つくったもので重なっていないものをすべて黒板に貼り出します。立方体1つの展開図につき，直方体の展開図は6つできます。では，66種類？　いえいえ，点対称の展開図が4種類あるので，66－3×4＝54種類です。最後に掲示板にすべての展開図を貼ると圧巻です。

※田中博史先生，坪田耕三先生の実践をアレンジした授業です。

（永田美奈子）

子どもの作品

みんなでサッカーボールをつくろう！（算数）

形遊びを楽しみながら，仲間の顔が描かれたオリジナルサッカーボールをつくります。

●つくり方※

八つ切り画用紙で正六角形をつくります。完成したら一人ひとり自分の顔を描きます。それを20個テープで貼り合わせていくと，写真のようなサッカーボールのでき上がり！

①画用紙を半分に折り，折り目と角を合わせて線を引いて，切り取る（グレーの線）。
②切り取った正三角形の角を折り目に合わせ，それぞれ中心に向かって折る。

●掲示の仕方

釣り糸を作品の中をくぐらせて上から吊るす方法がおすすめです。ロール紙の芯を灯火の台のようにクロスさせ，その上にのせると，子どもの顔の場所を変えることができます。

※坪田耕三先生の実践をアレンジしたものです。

（小野塚　恵）

時計をかこう！（算数）

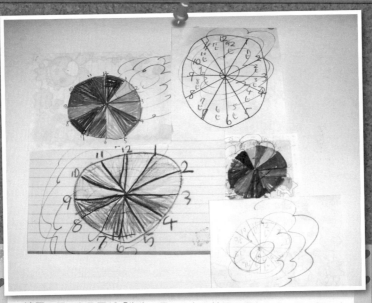

　遠足の日，ある子が「先生，見て！」と地面に円をかき，その円の中を3等分する線をかき入れました。1年生の子がこんなことできるのだと感心。円をかいて線をかくことがクラスに広がりました。
　「とけい」の勉強のときは，時計の模型を使っても，「何時」がなかなかわからない子どもたちです。そこで，黒板に円をかいて，その中に12等分する線をかき入れました。円を12等分したおうぎ形を「○時の部屋」とすると，何時かわかる子が増えてきました。
　教師が黒板にかいている様子を真似て，ある子が家で時計をかいた紙を持って来たのにはびっくり。そのうちに，色を塗って来る子も出てきました。カラフルな時計の絵にまたまたびっくり。「きれいだね」「よくわかるね」と，みんな時計が読めるようになりました。
　動く針をつけると，オリジナルの時計ができ上がり，楽しいですよ。

（田中　敬子）

時計をつくろう！（算数）

子どもの作品

　2年生の子どもたちに時計の絵を渡しました。そして一言。「自分の好きなものつくってごらん」
　みんなが違うものをつくったので人数分の作品ができ上がりました。作品を見せ合って大喜び。
　円を12等分して，5分ずつに区切って色が塗ってある作品は，5分，10分，15分などと，何分間かを数えるときにとてもわかりやすく，時刻を求めたり，時間を求めたりするのにとても便利です。
　15分間ずつ色を塗り，中心には1つの色を15等分した線が引いてある作品。つまり，中心に引いてある線は1時間を60等分する線です。「よく線が引けたなぁ」と感心しました。
　とがった形にクラスでつけた名前は「とんがりちゃん」。それを受けて，「5分間とんがりちゃん」「10分間とんがりちゃん」などと名前もついています。それぞれを切ったことで，何かの遊びに発展しそうです。

（田中　敬子）

アレー図でタワーをつくろう！（算数）

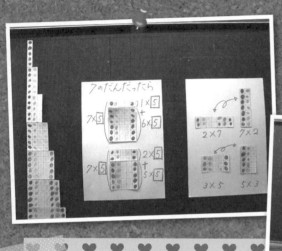

　マス目のある画用紙を用意すると，子どもたちがマスの中に丸をかいて色を塗るだけで，手づくりアレー図ができます。

　アレー図を黒板に貼り，式を書いていきます。すると「先生，ひっつけて」と子どもたちが言い始めたので，アレー図だけつなげていくと，階段のようになりました。2の段と5の段のアレー図を比べると大喜び。9の段までつくりたいと言い出し，「教室の天井に貼って」とおねだり。

　クラスによってつける名前は様々で，「かけ算ツリー」「かけ算スカイツリー」「かけ算タワー」などと自分たちで好きなように考えていました。クリスマスシーズンに掲示しておくときれいですよ。

　自分たちで楽しくつくることで，算数の感覚も自然に育っていくのでしょう。2×7＝2×6＋□のようなかけ算の式もすぐにわかり，正しい答えを出してほめられ，うれしそうな笑顔が印象的でした。

（田中　敬子）

子どもの作品

箱で算数！箱で図工！

　1年生の算数「かたちあそび」と図画工作「かさねてならべて」の学習の時期を近くに計画した取組です。

　1か月前ぐらいから，学年だよりや連絡帳を通して，保護者および子どもたちに，いろいろな箱を集めておくように周知しておきます。大きな段ボールに集めておいたり，一人ひとり大きな袋に入れておいたりして，生活科室や空き教室に保管しておきます。

　算数では，箱の形の（積める，転がるなどの）特徴を，遊びを通して体感させます。重ねたり，並べたりする遊びは，箱に何も接着しないので何回でも使うことができ，高さ競争なども可能です。たくさん遊んだ最後は，図画工作の「かさねてならべて」の学習で，いろいろな材料を生かして，一人ひとりが作品づくりをして持ち帰りました。

（伊藤真由美）

校庭で見つけた秋で福笑い！（生活）

生活科の「あきをさがそう」の遊び，福笑いです。

●つくり方
1. 四つ切画用紙に，少し太めのビニールひもを接着剤でつけ，顔の輪郭をつくる。
2. 黒か茶色の毛糸を短く切って画用紙に貼り，髪の毛をつくる。
3. 目はどんぐり，鼻は松ぼっくり，口はカラスノエンドウのサヤ，眉毛は細めの落ち葉をそれぞれ準備し，小さめの空き箱に入れる。
4. 不織布のマスクに目をおもしろくかく。また，鼻が入る部分を半円形に切り取り，切り取った部分は目隠し代わりに使用する。

係の子どもは，目隠しした人に箱を差し出して選ばせるようにします。「はじめに眉毛です」「次は目です」などと言えたら，国語の学習も生きてきます。

（伊藤真由美）

子どもの作品

トイレットペーパーでかわいい動物をつくろう！（図工）

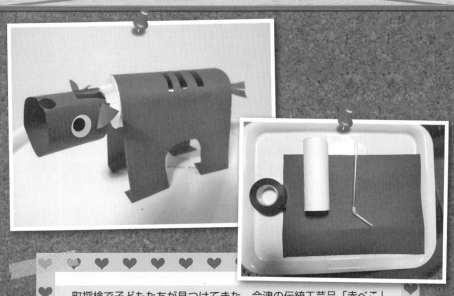

　町探検で子どもたちが見つけてきた，会津の伝統工芸品「赤べこ」。それを自分たちでつくり，地域のお祭り「十日市」を再現して，1年生を招待し，楽しんでもらいました。

　今回は赤べこを作成しましたが，4本足の動物なら何でもできます。また，ロール芯を立たせれば，さらにおもしろいものもつくることができます。

●つくり方

❶トイレットペーパーの芯に合わせて小さく切った色画用紙を貼り，足の形に切り抜く。

❷色画用紙（画用紙）を小さく切って丸め，顔をつくる。

❸顔にストローの曲がる部分を短く切って貼り，胴体とつなぐ。

❹しっぽを芯につけ，体の模様を色画用紙やビニールテープなどで作成し，貼りつけて完成。

（伊藤真由美）

顔に見える場所を探そう！（図工）

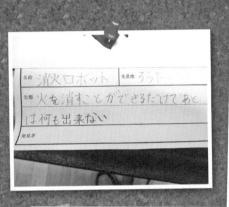

　図工で「『そのば』くん登場」の授業を行いました。学校の中を探検し，顔に見える場所を探します。見つけたら，カメラを持って撮影しに行きます。様々な表情が撮れるように，角度を変えて何枚か撮るように声をかけました。その後，プリントアウトした写真を基に構成を考え，体や背景をかいていきました。

　作品が完成した後，作品カードを書きました。普通の作品カードではなく，動物園の表示のように，「名前」「生息場所（見つけた場所）」「生態（どんな特徴があるのか想像して）」「発見者（自分の名前）」などを記入できるようにします。生態の欄には，例えば，洗濯機を撮影した子どもは，「汚れたものを好んで食べます」など，想像しながら楽しんで書いていました。鑑賞する際も，作品カードを興味深く読んでいる姿がたくさん見られました。

（加藤　彰子）

子どもの作品

特産品をふっくら立体的に仕上げよう！（図工）

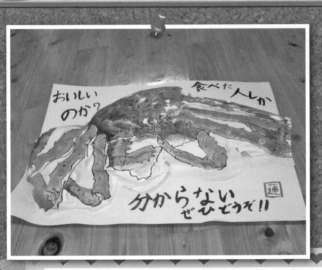

題材は実物を調達できる地域の特産品です。「大きく伸び上がった竹の子」「特徴的な形の海産物」などを準備します。形をとるのが難しいと思われがちなカニや伊勢海老，トビウオなど複雑なものの方が個性的な作品に仕上がります。

●つくり方
❶四つ切画用紙大の未漂白和紙に墨で絵をかき，彩色する。
❷輪郭から5〜6cmの余白を残して切る。中にかき損じの紙や切れ端の紙を詰めながら，糊かボンドで四つ切色画用紙に貼る。
❸余白にメッセージと自分の名前を書く。

実物が目の前に並ぶと子どもたちは大喜び。図鑑を見てかくこともできますが，ぜひ実物を教室に持ち込んで，ダイナミックに取り組んでみませんか？

（山田　啓子）

掲示の仕方をひと工夫！

　担任する3年生は，新しく掲示をすると，「私のはどこかな」「貼られてうれしい」と見入っています。教室内の限られたスペースで，全員の作品をどう掲示するのかいつも悩みますが，こんな方法を試しています。

●段ボール屏風
　段ボールを開いて屏風にし，ロッカーや長机の上に置きます。筑波大学附属小学校の掲示物を参考にしました。マスキングテープで貼ると，はがすのがとても楽になります。使わないときはたたんで収納。多面的，立体的に掲示することで，他より引き立ちます。写真は，「おすすめの本のポップ」です。作文，自主学習など短期間の掲示にも使用します。

●クリアタイプのブックスタンド
　100円ショップで売っているものです。写真は，学習発表会で展示予定の「深海」をテーマに調べた個人研究ファイルです。今回は表紙をひと工夫。「デメギニス」の目はコンタクトレンズの空きケース，他にもモールで足，きらきら折り紙で発光する生物を表現するなど，各自が工夫して深海生物を立体的に製作しました。本番ではずらりと並べてミニ水族館みたいになる予定。他に，おすすめの本などを入れて使用しました。

（時川えみ子）

季節もの

学級に季節を感じるものを取り入れる、ちょっとした工夫をすることで、子どもたちの心は明るくなります。

係活動とのつながりをもたせる

春の訪れを感じる苺狩りの掲示も、苺に立体感をもたせると雰囲気がでます。

掲示する場所を少し空けておき、飾り係の子どもたちに任せます。立体感ある、ふわふわの雪うさぎの掲示を考えました。

さらに、掲示を見た読み聞かせ係が、次回に読み聞かせする予定の本を選んで飾ります。

子どものアイデアを生かした、温かな掲示になりました。

学習とのつながりをもたせる

音楽では季節に合った歌の学習，生活科では季節を感じる学習などがあります。学級活動でも，季節の行事を楽しむ時間があるでしょう。例えば，夏の行事「七夕」には，一人ひとりがそれぞれ願い事を短冊に書き，飾ります。

さて，この短冊の飾り方に季節のつながりをもたせてみましょう。例えば，手づくりのモビールを利用し，廊下に飾ります。季節ごとに短冊のみを変えていきます。

秋には秋の学習を生かした短冊を飾ります。高学年なら俳句や短歌，低学年なら秋の言葉などを短冊に書きます。

冬は，1年を振り返って一番心に残ったことを漢字1字で表し，短冊に書いたり，それぞれの学年で学習した漢字の中からお気に入りの文字を選んで書いたりします。年明けなら新年の抱負などを短冊に書くのもよいでしょう。

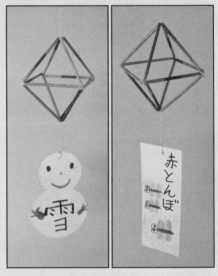

季節の風とともに，それぞれの成長を感じることでしょう。

ここからは「季節もの」の具体的なアイデアをご紹介します！

(小野塚　恵)

季節もの

子どもの日，1年生に兜をプレゼント！

5月5日は子どもの日。ピカピカの1年生へ2年生から手づくり兜をプレゼント！ 新聞紙でつくったらかっこよくかぶることができます。

●つくり方
両端を上に折ります。さらに半分に折り目をつけます（図❶）
向きを変え，手前を折り上げます（図❷）
先を外側へ折り返します（図❸）
手前の1枚を2度折り上げます（図❹）
もう1枚を中に折り込んだら完成！

また，1年生に折り方を教えながら一緒につくる活動は，ほのぼのとした交流の時間になります（大判の両面折り紙がおすすめです）。

（小野塚　恵）

きれいなあじさいを みんなの力で咲かせよう！

　6月に入り，1年生の子どもたちも学校に慣れてきたので，そろそろグループ活動を始めることにしました。ちょうどあじさいがきれいに咲いていたので，あじさいをつくることにしました。

　まずは，折り紙で練習。1人1つつくります。それを41人分集め，上の写真のような大きなあじさいをつくりました。「41人みんなが集まると，きれいな花になる」と書いて貼ると，「先生がいないよ」とうれしい声。「＋1」と書かせてもらいました。

　次に，班ごとにあじさいをつくります。これは，色画用紙を正方形に切り，少し大きめにつくります。雨をイメージしたまわりの円の飾りには，自分の名前と好きな絵がかかれています。はじめて力を合わせてつくったあじさいが，教室できれいに咲きました。

（永田美奈子）

季節もの

季節もの

天の川と笹の葉で願い事を！

七夕が近づいてきたころ，願い事を短冊に書きましたが，笹の葉がまだ到着しないので，それまで何かできないかと考えました。

そこで，紺色の羅紗紙をつなげ，子どもが折り紙でつくった星を中央に貼りました。子どもたちからは「天の川みたい！」と大きな歓声が上がりました。そして，天の川をはさんで上下に短冊を貼り，しばらく廊下に掲示しました。このようにすると，自分や友だちが書いたものがよくわかります。

何日か経って笹の葉が到着。天の川から短冊を取り，笹の葉に飾りつけました。笹の葉の短冊と一緒に，天の川もキラキラ輝いていました。

（永田美奈子）

風を感じる七夕飾り！

　ゆらゆら揺れる光のモビールは、爽やかな風を感じさせてくれます。願い事を書いた短冊をつければ、七夕飾りに！

●光のモビールのつくり方
　材料は、同じ長さに切りそろえたストロー12本と凧糸です。
❶3本ずつ凧糸に通して結び、正三角形を4個つくります。
❷できた正三角形を2つずつ組み合わせ、頂点を凧糸で結びます。
❸結んだ2つの頂点をさらにそれぞれつなげていきます。
❹正八面体の光のモビールの完成です。

　❶　　　　　❷　　　　　❸　　　　　❹

　七夕飾りは、釣り糸などを張ったところに凧糸で結んで吊します。凧糸が絡まないように、間隔を空けたり、糸の長さを調節したりします。

（小野塚　恵）

季節もの

季節を折り紙で感じよう！

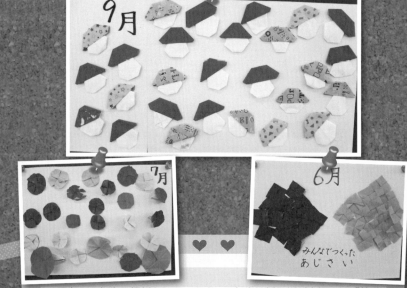

　現在，2年生の担任をしています。2年生は折り紙が大好き！「苦手だな」と思っている子もいますが，簡単な折り紙にみんなで取り組むことには，指先の使い方が上手になる，図形認知の力が育つ，思考力が高まる，集中力・持続力が高まる…などのよさがあります。
　そこで，季節を感じる花などをみんなで一緒につくってみました。はじめは，「かけがえのない一人ひとりが集まって学級をつくる」という意味を込めて，一人ひとりがつくった花を集め，「あじさい」をつくりました。そして，7月は「あさがお」。9月は「きのこ」と，少しずつ折り方もレベルアップしています。
　2学期からは（本校は2学期制），掲示係をつくって，子どもたち自身で何をつくるかを考えてもらうことにしています。「この季節に合うものって何だろう」「どうやってつくるのかな」と考えながら，おうちの方に聞いたり，図書室で本を探したり…。創造性のある係活動になるのではと期待しています。

（桑原　麻里）

工夫して季節の掲示物をつくろう！

　季節の掲示は，子どもたちの係活動に任せています。教室掲示の本を子どもに貸し，つくりたい掲示の型紙をコピーしてつくらせています。
　最近は，以前担任した子どものアイデアで，100円ショップで購入できる季節の飾りを活用しています。購入できるのは1つだけと限定することで既製品だけにならないようにし，どのようなものがほしいか決めさせます。それを聞いて，担任がそれに合うものを購入してきます。
　そして，子どもたちがそれに飾りつけをして完成です。例えば，7月は無地のうちわを準備し，そこに子どもたちが絵をかいたり，折り紙で飾りをつくったりしました。10月はハロウィンのおばけに「10」を貼りつけて飾りました。
　今までは壁紙が中心でしたが，立体的な掲示物も増え，子どもたちも楽しみながらつくることができています。

（加藤　彰子）

季節もの

落ち葉に目玉シールで楽しいしおりづくり！

●準備するもの
- 新聞紙
- はさみ
- 押し花の要領で乾燥させた落ち葉
- ラミネーター，ラミネートフィルム（B5～A4，セロテープでも可）
- 白と黒の丸シール（黒は白より小さいものとし，いろいろなサイズを準備するとおもしろい）
- モール，またはキラキラの針金入りテープ
- 上質紙（90K～110K），または画用紙

●つくり方
　生活科の学習で拾ってきた落ち葉を，重ならないように新聞紙の間に入れて重い本を載せ，1週間～10日放置します。乾いた葉っぱを砕かないように，ラミネートフィルムに挟み，シールで目玉や口を表現します。端に穴を開けてモールなどを通せば，しおりの完成です。

（伊藤真由美）

Book Tree に実りの秋！

　教室の読書コーナーにある「Book Tree～本の木～」は，子どもたちが新しい本と出合うたびに素敵な花を咲かせ，「本の実」を実らせます。
　読書ボランティアの方に読み聞かせをしてもらった本や，係のおすすめの本，教師が紹介した本の表紙を写真に撮ったり，スキャンしたりしたものを印刷し，「本の実」として，本の木に実らせます。子どもたちは新しく出合う「本の実」にわくわくドキドキ！

「Book Tree～本の木～」のつくり方

❶しわが出るように，クシャクシャにした茶色の画用紙の中に新聞紙を入れ，色画用紙で包み込むように掲示し，木の幹や枝をつくります。
❷葉の形に切った色画用紙にも折り目をつけ，立体的に見えるように掲示します。
❸表紙を印刷して掲示し，「本の実」を実らせます。
　学級文庫とセットにすると，素敵な読書スペースのでき上がり！

（谷内　祥絵）

季節もの

学年廊下を飾ろう！

　同学年が同じ階に並ぶ学級配置になったので，フレンズ通り（「フレンズ」は学年通信のタイトル）と廊下の通りに名前をつけ，学年の廊下に月ごとに飾りつけをしました。

　その月のイメージカラー（11月はオレンジや黄色，12月は赤や緑…など）を毎月子どもたちに考えてもらいます。写真は12月のもので，クリスマスカラーのイメージから，赤と緑の組み合わせで花紙を組み合わせて球体をつくったり，星を折り紙でつくったりして吊るしました。

　飾りが変わるごとに，「そっか，今日から○月かぁ」「今月のこの飾り，いいね！」とみんなからの反応がすぐにあり，担当した子どもたちもうれしそうです。

　学年の一体感も出るし，季節感も出てにぎやかになります。学級だけでなく，学年でのまとまりをつくりたいときにおすすめです。

（福島　淳子）

季節の歌を折り紙で!

♪かたつむり♪

♪うみ♪

　入学したての1年生に,クラスみんなで力を合わせて何かをする経験をさせたいと思い,季節の歌の世界を,これまでも触れてきた折り紙を使って,クラス全員で一枚の絵に表しました。

　5月はこいのぼり,6月はかたつむり,7月はうみと,音楽の授業でも扱う,子どもたちのなじみのある季節の歌の世界を毎月表現します。一人ひとりが折った折り紙を,1枚の紙に貼り合わせていくと,クラス全員の力を合わせてつくった1枚の絵になります。掲示すると,教室が明るく華やかになり,絵の前で歌を歌っている子どもたちの表情は満足気で,クラスみんなの気持ちが1つになった瞬間でした。

　1か月間,絵の前で毎朝クラス全員の声を合わせて歌を歌っていると,1年生なりのクラスのまとまりも出てきます。

(西野絵里香)

季節もの

カルタをつくろう！
カルタで遊ぼう！

　自分の名前の好きな文字を使って，1年間に何回かカルタをつくっています。右上と下の写真は，1年生の冬バージョンのカルタです。名前の文字だけで書かせるのではなく，好きな文字から始めてもいいことにすることで，作品のバリエーションが増えました。

　年度はじめや年末年始には，「今年を表す一字」「今年の抱負を表す一字」など，文字だけでなく理由も書いたカルタをつくります。節目ごとに子どもたちの思いや成長を見ることができます。

　高学年では，「ローマ字カルタ」をつくったり，「素敵なカルタコンテスト」「お気に入りの一首」など，カルタを使った活動に取り組んだりもします。また，正月遊びとして，シーズンごとに制作したカルタを使ってカルタ大会もしました。人権月間での取組や，食育活動，学年 PTA（保護者との行事）等，いろいろな機会で取り組むことができます。

（谷内　祥絵）

季節を感じる掲示物をつくろう！

　季節を感じる掲示物を2年生と一緒につくっていきました。前半は，「6月だからあじさいをつくろう！」と投げかけ，つくり方も教えていました。
　しかし，年度の後半は掲示係をつくり，係の子どもに任せてみることにしました。おうちの方や友だちと相談して，2月は節分があるので「鬼」，3月はひな祭りがあるので「お雛様」をつくることに自分たちで決めました。季節に合った折り紙のお題を自分たちで決め，事前に折ってみて説明の練習もしました。しかも，はじめは簡単でしたが，少しずつ難しいものにもチャレンジしてレベルアップさせています。
　2年生ではありますが，決められたことだけに取り組む係活動ではなく，少し創造的な係活動になりました。

（桑原　麻里）

季節もの

新5年生に教えよう！

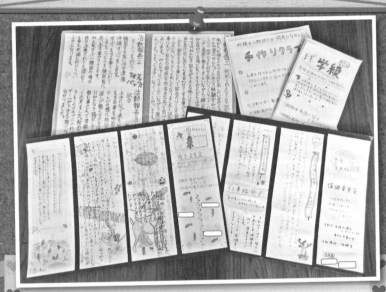

担任する子どもたちは，もうすぐ6年生。
子どもたち自身も「最高学年になるんだ」と気持ちが少しずつ高まってくる時期です。
そこで，この時期に，新5年生に委員会活動やクラブ活動を教えるリーフレットづくりをしました。これは，国語の教科書（東京書籍）にも載っていますが，子どもたちのアイデアで取り組ませると，とても素敵なものに仕上がります。
内容は，次の通りです。
- p1………表紙（①活動日，活動場所　②活動の要約）
- p2～3…活動報告，仕事の紹介など
- p4………まとめ

この内容だけ伝えて，あとは自由に作成させます。自分たちの活動内容に合わせて，画用紙を2つ折りにしたり，3つ折り，4つ折りにしたり，5年生にわかりやすく伝えようと，子どもたちは一生懸命に，そして楽しそうに取り組んでいました。
数日後，新5年生から「とてもわかりやすかったです。ありがとうございました」と言われ，少し誇らしげな子どもたちの姿が印象的でした。

（永田美奈子）

5年1組ありがとう！

　3月。
　1年間一緒に過ごした学年、学級ともお別れの時期です。この1年間、この学級で過ごしたことへの感謝の気持ちを形に表しましょう。
　つくり方は簡単。色画用紙に「みんな、ありがとう」の気持ちや「クラスのよいところ」をそれぞれ書きます。そして、紙の裏にマグネットシートをつけ、修了式の日に、黒板に貼ります（マグネットで貼ると、子どもたちが帰った後のお掃除も簡単です）。
　朝、教室に入ってきて、すぐに黒板のところに寄ってきた子どもたち。「私のあった！」と言いながら、お友だちのメッセージも静かに読んでいました。この学級で1年間過ごしたことを感謝することによって、新年度に向けて、また「よいクラスをつくっていこう！」と気持ちを新たにしてくれることでしょう。

（永田美奈子）

係・当番活動

子どもたちのアイデアが広がる係活動

「こんなクラスにしたい！」
という子どもたちの声がすぐに反映できる係活動。少しのアレンジと，子どもたちの声に目を向けることで，係活動はどんどんアイデアが広がっていきます。

　子どもたちが笑顔で取り組める活動にするために，「係」と「当番」の違いを子どもたちと一緒に考え，それぞれのよさに目を向けさせることを大切にしています。

　四季折々の行事を大切にする「Season 係」。七夕の日，1人に1枚ずつ短冊を配ります。すると，
「卒業式まで枯れない飾りにしたいね！」
という声から，模造紙に笹をかき，☆型シールで短冊をつくった即席七夕飾りができました。友だちのひと言から，子どもたちの係ミーティングが始まり，問題を解決するまで話し合いは続きました。

　子どもたちの声から，無限に広がるアイデア。係と係のコラボレーションが生まれることもあります。どんなときも，子どもたちが能動的に動く姿を大切にしたいものです。

子どもたちの自主性を伸ばす当番活動

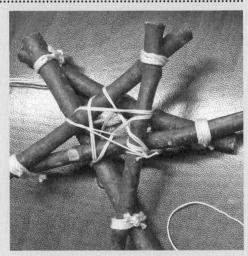

　「クラスのために！」というクラスを大切に思う子どもの気持ちが育つ当番活動。

　当番活動を決める前に，子どもたちと小枝を5本拾いに行きました。はじめはバラバラの小枝も，糸でくくると簡単に星型に変身し，中にも凧糸の星型ができるアレンジを披露。子どもたちに「1本でも枝や糸が足りなければ，この星型はできない」と話し，当番活動も同じで。1人1役でクラスのためにできることを全員が大切にすることこそ意味のあることだと伝えました。

　どの学年を担任しても，「やらなければならない」当番活動ではなく，「子どもたちの自主性が育つ」当番活動にしていきたいと考えています。クラスみんなのためにできることは何か，やってみたいことは何か，子どもたちの当番活動の中に，達成感と充実感が生まれる当番活動を子どもたちと一緒に考えていきます。

　教師からの一方通行ではなく，なぜその当番が必要なのか，原点に戻って子どもたちと一緒に当番活動をつくってみると，また新たな視点で生まれることもあります。子どもたちの笑顔があふれる当番活動を子どもたちと共に楽しみたいと思っています。

　ここからは，「係・当番活動」の具体的なアイデアをご紹介します！

（谷内　祥絵）

係・当番活動

クイズでおはよう！

　朝，元気よく教室の入り口で「おはようございます！」とあいさつして教室に入ってくる子どもたち。その教室の入り口のドアに，ブラックボードをかけています。毎日放課後に交代で子どもたちがブラックボードにクイズを書き，次の日の朝，ドアにかけて披露するようにしています。ブラックボードだと，色も映えてちょっとおしゃれな感じがするようで，毎日楽しそうに書いています。

　実際には，下の方に出題者の名前が書いてあるので，子どもたちは答えがわかるとその子どもに「合ってる？」とか「ヒント教えて！」と聞きに行き，交流するきっかけにもなっています。他の学級の子どもも廊下を通るので，学級を超えてクイズに参加する子どもたちも出てきて，ちょっぴりにぎやかな朝になります。

（福島　淳子）

主体的に係活動に取り組もう！

　新しい学級で係を決める際、当番との違いを「なくても困らないけど、あるとクラスみんなが『楽しくなる』『心が豊かになる』もの」と伝えています。そして、係活動が子どもたちの主体的な活動になるよう、それぞれの係が自由に使えるスペース（A3大の掲示板）を用意します。「イラスト係」の掲示板にはみんなの希望を聞いてかいたイラストが貼られたり、「かざり係」の掲示板には季節の掲示物が飾られたり、「劇係」の掲示板には演者の募集広告が貼り出されたりと、子どもたちが動き出します。他の係の活動が見えることが刺激になるようです。

　教室の一角には、係活動コーナーをつくり、活動をするときに自由に使えるペンや紙などを用意しています。

　自分たちの仕事で教室が華やかになったり、友だちが喜んでくれたりすると、ますます主体的に新たな活動を生み出していきます。

（横須賀咲子）

係・当番
活動

学級内クラブを充実させよう！

　子どもたちが学級に慣れ，春の運動会が終わり，大きな行事がなくなる時期こそ，学級活動を充実させるチャンスです。
　1人1当番で毎日活動することとし，その他に，学級内にクラブをつくります。このクラブは子どもたちがクラスの友だちを楽しませるための不定期な活動です。1人でクラブをつくっても，何人でクラブをつくってもよいこととします。
　作家を目指している子が，物語を考えるクラブをつくりました。そして，その物語を本にする際の挿絵を考えるイラストクラブが発足し，この物語を読む音読クラブもつくられました。
　スポーツクラブは「休み時間にドロケイをやります」などと呼びかけます。
　問題づくりクラブは，給食の時間にクラスのみんなに問題を出し，給食中の子どもたちは問題の答えを考えるのに夢中になっています。
　子どもたちが生み出す自由な発想を大切にしたクラブ活動を推進することで，学級が充実していきます。

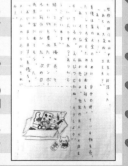

（河内麻衣子）

係活動やる気アップ作戦！

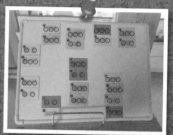

　係の名前は，仕事の内容がわかるように，自分たちで工夫してよいことを伝えます。はじめはよくわからなくても，1年生でも，2学期，3学期には，楽しく工夫することができるようになっていきます。

　係を紹介するカードは，最初はめあてと仕事の内容だけ書かせます。慣れてきたら，「だれが，いつ，どんな仕事を，どうするか」がわかるように書かせるようにします。

　また，100円ショップで手に入るホワイトボードに，両面磁石（裏表色違い）に名前を書いたカードを係ごとにまとめて貼り，仕事が終わったら，自分で名前磁石を裏返させます。ひと目で仕事をしたかどうかがわかるので，教師は声をかけやすくなり，子どもも自分で裏返すことで仕事をしたという実感がもてます。一日の終わりには，日直が元に戻します。

（伊藤真由美）

「一人一貢献」でクラスをもっとよくしよう！

係・当番活動

　当番活動は，子どもたちの自主性を大切にしたいものです。クラスのためにがんばったという充実感が生まれると，取組が活性化し，クラスの雰囲気もよくなっていきます。

　おすすめは，「一人一貢献」の活動です。この活動は，学級のみんなが気持ちよく，そして困ることなく過ごせるための仕事を自分で探して毎日必ず行う取組です。「教室の空気がきれいになりそうだから，植物を育てたい」「やっぱり配りは必要だよね」など，新たな提案や今までの経験からの提案が子どもからなされ，一人ひとりが自分で選んだ仕事内容に取り組んでいます。取り組む中で，あまりクラスに貢献していないと思えば仕事の変更もあり。また，追加もあり。1つの活動に対しての人数制限もなし。多いところは子どもたち自身で分担しています。子どもたちが自分で選択している仕事だからこそ楽しめるのです。

（河内麻衣子）

給食をもっと楽しもう！

　「ABCスープ」の中に入っているアルファベットマカロニ。このマカロニを使って，自分の名前の順に並べてみたり，身の回りで見つけたものを再現してみたりと，子どもたちに人気の給食です。「LだけどIに変身したよ！」などと，アルファベットの形を復習しながら楽しむ姿が見られます。

　クラスのだれかの誕生日には，誕生日係が中心となって，牛乳等で乾杯をしたり，いろいろな形に机を合わせたりして子どもたち同士で給食時間を楽しみます（アレルギー除去食の日を除く）。

　また，朝の会の係活動では，献立表に書かれている材料から今日の献立を考える，英語で材料を言ってみる，体の調子を整える主な材料を考える，など，給食係が日替わり献立クイズを出題することもあります。教科の学習と関連づけながら楽しむことができます。

（谷内　祥絵）

係・当番
活動

クラスがよりよくなる活動をしよう！

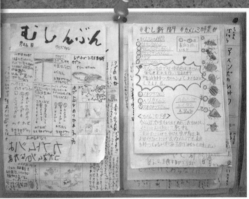

　放課後に駅伝練習を終えて教室に戻ると，黒板にこんなサプライズが。あいさつ係の子どもたちが，クラスのあいさつの輪を全校に広げたいと取り組み始めた日のことでした。

　係活動では，「クラスがよりよくなる係」をテーマに，子どもたちが能動的に活動することを大切に指導しています。何かクラスで考えたいことがある場合は，朝の会や終わりの会で話し合いの場を設定します。それぞれが独立した係であっても，お楽しみ会ではコラボしたり，さらにバージョーンアップしたりと，子どもたちの創造力は無限大に広がっていきます。虫が大好きな子どもたちは，「むしんぶん（虫新聞）」をつくり，虫について調べたことを新聞やクイズにして発表しました。

　係活動では，子どもに寄り添うことで，子どもたちの見えていなかった素敵なところをたくさん見つけることができます。

（谷内　祥絵）

創造的な係活動への
はじめの一歩！

　決まった仕事をこなすのではなく，自分たちで何をするかを考える創造的な係活動にしたい！　そうは思っても，なかなか当番活動との区別がつかないし，すべてを創造的な活動にするのは難しいので，はじめの一歩として，以下のようなことに取り組んでみました。

　各係の仕事の内容を5つ設定します。その中の3つは担任が決めます。やってほしい仕事を3つ与えるのは，日直等の当番の負担が大きくなり過ぎるのを防ぐためです。逆に，すべてを子どもたちに考えさせるのでは係活動のハードルが高いので，2つを自分たちで考えさせます。この2つは，やらなくても迷惑がかからないという意識が強いのか，はじめはうまく仕事ができていないことが多いのですが，だんだんそちらの仕事の方をよくがんばっている姿が見られるようになります。例えば，自分たちで本をつくって教室に置くなど，次第に創造的な活動になっていきます。

（桑原　麻里）

行事

子どもと一緒につくり上げる

　どの学年にも，年間を通じて核となる大きな行事があります。時間的な制約がありますので，教師が見通しをもって子どもたちと一緒につくり上げていきます。行事に向けて子どもたちが話し合ったり，練習したりすることでぐっと友だちとの絆が深まり，それまでとは違った子どもの姿が見られるようになります。保護者も我が子の成長を毎年楽しみにしています。

子どもたちが企画・運営できるようにする

　行事の実施案を職員で話し合った後，任せられる部分は子どもたちに託します。人は頼りにされると俄然やる気になるものです。子どもたちは，これまでの経験や先輩方の姿を参考にしてその行事のゴールをイメージします。
　例として，運動会の取組をご紹介します。下の写真は６年生が考えた今年のスローガンです。これを受けて子どもたちは「学年の取組種目を全員ができるようにする」「応援で運動会を盛り上げる」等のめあてを考えました。学級の方向性が決まったら，具体的に，いつ，どのように取り組んでいくのか計画を立てます。活動が始まると，輪番で担当者を決め，帰りの会で進捗状況と次時の予定を報告し合いました。

雰囲気を盛り上げる

　子どもたちがつくった運動会のめあてや応援歌の歌詞等を教室に掲示して，行事に向かう気持ちを盛り上げます。

　また，日記等を紹介し，よかった点や問題点を共有していくことで，次の活動につなげていきます。

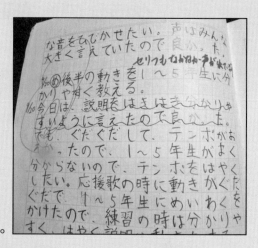

振り返ることで，子どもたち自身に成長を感じさせる

　行事が終わった後，子どもたち自身に振り返りをさせます。ひと言感想や俳句，作文，新聞など，子どもの実態に応じて方法は様々考えられます。子どもたちの発言や文章から思わぬ発見や感動的な事実が見えてきたりします。そして，お互いに紹介し合うことで，みんなの成長を感じることができます。

　また，学級の歴史として教室に写真を掲示するのもおすすめです。写真を見ながら参観日等で保護者と子どもたちの成長を喜び合いましょう。

　ここからは，「行事」の具体的なアイデアをご紹介します！

(山田　啓子)

行事

クラスの木を育てよう！

　4月のはじめに，「卒業までの1年間，どんなクラスに育っていこうか」と話し合いました。そして，その思いを形にしていく「1年間の成長が見える木」をつくることになりました。

　まずは幹。さすが6年生，担任より上手に幹をかいてくれました。

　初日は幹しかない木です。そこに，「みんなに知らせたいこと」「友だちのがんばっていたところ」「行事の意気込みや振り返り」などを1人1枚の葉っぱ（紙）に書いて貼り，木を育てていきます（ときどき担任からのメッセージも潜ませます）。

　葉は，毎回色を変え，わかりやすくしています。卒業までどのようなカラフルな木になるでしょうか。楽しみです。

（時川えみ子）

くす玉を割って，達成感を分かち合おう！

　高学年になると，様々な行事の中心になって活動します。
　そこで，行事を盛り上げるために，次のことを行っています。

●行事の前日や直前
　黒板に目標などを書かせます。小さい紙に書いて模造紙に貼ることもあります。模造紙にすると，しばらく掲示しておくことができるので，授業参観の掲示にも活用できます。

●行事終了後
　みんなでくす玉を割ります。くす玉の中には，紙吹雪だけでなく，宿題なし券やあめを入れておきます。実行委員長がひもを引いたり，子どもたちの推薦で引く人を決めたりします。全員ががんばった運動会や学習発表会などは，全員がひもを引けるようにしました。そして，給食のとき牛乳で乾杯し，みんなで達成感を味わえるようにしています。

（加藤　彰子）

行事

紙皿3D掲示で雰囲気を盛り上げよう！

　10月末に学校のお祭りがあります。低学年は，生活科の秋の学習を生かした「おもちゃで遊ぼう」「お店やさんを開こう」というテーマで，家族や互いの学年，地域の人を招待します。中高学年は，総合的な学習の時間の発表の場，クラブ活動の発表の場となっています。

　学年のフロアー入り口に来ただけで，お祭り気分を盛り上げる掲示として，天井から紙皿を使った簡単なテーマ飾りをしてみました。紙皿の周囲に，色画用紙でつくった色とりどりの葉っぱを貼り，中央には，文字またはイラストをかきます（直接かいても，別な画用紙にかいて貼っても，どちらでもOK）。紙皿を両面に貼り合わせ，今回は，入り口からはテーマが，出口からは「ありがとう」のメッセージがあらわれるようにしました。紙皿の間の上下に紙テープを貼り，下のテープは強く引いてくるくるとカールさせます。葉っぱを緑や赤にすれば，クリスマス飾りの他，何にでも活用できます。

（伊藤真由美）

サマースクールを企画しよう！

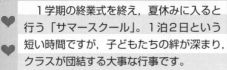

　1学期の終業式を終え，夏休みに入ると行う「サマースクール」。1泊2日という短い時間ですが，子どもたちの絆が深まり，クラスが団結する大事な行事です。
　活動内容は，大きく分けて3つ。準備物やルールを考え，司会もすべて子どもが行います。「自分たちでつくる」という意識をもたせることが大切です。
❶プールでの活動……バスマット渡り・バスマット騎馬戦・ゼリー拾い
❷カレーライス作り…お米係・カレー係・サラダ係
❸夜の活動……………きもだめし・お宝つきドロケイなど
　学校での宿泊はハードルが高いかもしれませんが，活動の一部だけでも「お楽しみ会」として学級活動の中に取り入れてはどうでしょうか。うまくいかなくても，子どもたちが自分で計画し，実行したという経験は，達成感を生み，自信へとつながります。

（吉村　智美）

行事

その時，その瞬間の想いを残そう！

　行事を通して深まった子どもたちの絆。子ども自身の成長。それぞれが感じたことを短歌や俳句，詩，ポスターに書かせています。
　5年生の野外学習（2泊3日）では，班ごとに1日1日を振り返り，それぞれの想いをポスターに残しました。
　6年生の修学旅行では，しおり（振り返り）に「今日の一句」があり，その時，その場所で感じた思いを書かせました。
　このような作品が，子どもたちが学級集団の中で相互に成長し，それぞれの想いを共有するためのツールになればと考えています。
　参観日では，ポスター等を発表し合い，作品発表だけで終わるのではなく，その作品に込めた思いもスピーチすることで，子どもたちが寄り添い合うきっかけになっています。

（谷内　祥絵）

消しゴムハンコを つくろう！

　保護者の方と一緒に，冬休み前に「消しゴムハンコ」をつくりました。それぞれ自分の好きなものをハンコにしたり（右上写真は将棋好きの子がつくった作品），年賀状用のハンコをつくったりと，世界に1つだけのオリジナルハンコが完成しました。

　「お試しコーナー」と，黒板に画用紙を貼った「完成コーナー」を用意しました。完成したハンコを早速押し合い，友だちとコラボハンコにしたり，色を合わせたりと，一緒に楽しむ時間になりました。

　また，完成お披露目会として，仕上がったハンコを電子黒板に映し出し，「ハンコプレゼン大会」をしました。子どもたちは，ハンコのおすすめポイントを即興でスピーチします。

　消しゴムハンコは短時間で完成することができるので行事等で保護者の方と活動するのにおすすめです。

（谷内　祥絵）

行事

宿泊学習を成功させよう！

　はじめての宿泊学習。期待と同時に不安も抱えている子どもたちの様子を見て，不安を少しでも和らげたいと考えました。そこで，現地での打ち合わせの際，できるだけ施設や活動場所の写真を撮り，プレゼン資料を作成します。そのプレゼン資料を見せながら，子どもたちに施設の中の様子や注意点，具体的な活動内容などを説明します。前年度の子どもたちの活動の様子の写真や動画が用意できれば，さらに具体的なイメージもわいてくるのではないかと思います。

　また，宿泊学習は学級をひと回りもふた回りも大きく育てるチャンスです。そこで，行く前に，個人だけでなく学級のめあてを考えます。宿泊学習を終え，活動の様子の写真とともに振り返ると，自分たちの成長を実感できるはずです。

（平岡　陽子）

写真で学級の歴史を残そう！

5月28日(日)
運動会

9月20日(水)
下水道　出前講座

2月13日(火)
保幼小交流

　１学期の始業式から，行事や学習等，いろいろな場面での子どもの姿を写真に撮っていきます。そして，それぞれの場面で撮った写真の中から何枚かを選び，日付と行事名を入れて掲示物をつくり，教室後方の掲示板等に貼ります。１枚１枚増えていくことで，学級の１年間の歴史が見えてきます。

　掲示物の中には，１，２，３学期の始業式の集合写真も入れます。修了式当日に，これらの写真を見ながら，自分の成長や学級としての成長などを振り返ることもできると思います。

　子どもたちも，掲示物の数が増えてくると，行事の後などに掲示物を確認したり，子どもたち同士の話題に上がったりするようになります。

（平岡　陽子）

行事

スポーツの秋, さらに1UP！

　昨年度担任していた6年生の運動会掲示です。練習スタート後, 体操服に見立てたTシャツに, 「集大成の運動会へ」と運動会に向けためあてを1人1枚書かせました。チームごとにTシャツの色を変え, スズランテープ（絆に見立て）の上に, チームごとにTシャツを貼りました。

　運動会前日, 黒板に貼り直し, クラス全員で決意を新たに記念撮影！　それぞれのチームが優勝を目指して正々堂々と戦うことを誓い合い, 1人ずつ『めあて』発表タイム！

　運動会終了後は, がんばった自分自身に表彰タイム☆　星型に切り取った金色の折り紙を配り, それぞれ自分自身にオリジナルの賞を贈りました。勝ち負けだけにこだわるのではなく, 成長した自分を称え, さらに1UPしようとする姿が輝くひとときでした。

　写真とともに新たな思い出の1ページを飾ることができます。

（谷内　祥絵）

みんなでつくろう，運動会！

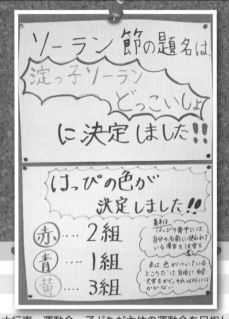

　学校の一大行事，運動会。子どもが主体の運動会を目指したいものです。そこで運動会のダンスを子どもたちに任せてみることにしました。
　各学級4名ずつダンスリーダーを選出します。まず，ダンスリーダーは昼休みに集まり，ダンスを覚えます。そして，みんなに伝達します。プログラムに載せるタイトルやはっぴの色も決めました。はっぴの背中に描くデザインも考えました。そして，ダンスの隊形や隊形移動もアイデアを出し合いました。意欲的に話し合う子どもたちの姿を見て，子どもが主体的に動かないと思っていたのは，子どもに任せきれなかった自身の責任だと痛感しました。
　ダンスリーダーで決めたことは，上の写真のように，学年の掲示板にポスターを貼り，学年のみんなに周知します。

(桑原　麻里)

行事

みんながんばろう！音楽発表会

　大きな学校行事の１つである音楽発表会ですが，中には音楽が苦手な子どももいます。そこで，発表会に向けて「がんばりカード」をつくり，一人ひとりが自分に合っためあてをもって取り組めるようにします。

　まず，クラスのめあてを考え，そのめあてから個々のめあてを決めます。ここで大切なのは，練習のときのめあてをしっかりと考えさせるということです。

　全体練習が始まると，その日の練習についての振り返りを書く時間を設けます。担任は毎日それを集め，赤ペンで〇をつけたり，コメントを書き加えたりします。時には，帰りの会などで個々のがんばりを全体に広げることもあります。

　発表会後の振り返りには，当日だけでなく，練習のがんばりを書く子どもが多くいました。また，保護者に向けては，練習や校内発表会での子どもの様子を学級通信で知らせることもあります。

（平岡　陽子）

行事の足跡を教室に残そう！

　学校行事に取り組むときは，その行事の「めあて」を子どもたちに明確に伝えるとともに，行事を終えてからの「振り返り」を大切にしています。行事を通して，子どもたち自身が自分の成長を感じることができるようにするためです。

　例えば，学芸会。演技やセリフの言い回しなど，教師主導になりがちです。そこで，練習が終わった後の振り返りで，教師が指導する前に子どもたちに「よかった点」と「改善すべき点」を問います。はじめての練習のときはなかなか意見が出てきませんが，毎回続ける中で，子どもたち自身が自分の演技を客観的に見つめ直し，たくさんの意見が出るようになります。教師が「伝えたい」という思いを少し我慢することで，時間はかかっても子どもたち自身で創り上げていく学芸会になります。

　行事では必ずクラス全員で写真をパチリ。タイトルを子どもたちにつけてもらって教室に掲示していき，1年間のクラスの足跡を残します。

（河内麻衣子）

行事

2分の1成人式を自分たちで演出しよう！

　10歳の成長を祝って4年生の総合的な学習の時間に2分の1成人式を行う学校もあると思います。式典に向けての出し物練習や保護者への手紙の準備など何かと時間が必要になりますので，掲示物は図工の時間に取り組んだ作品を貼るようにしました。
　1学期には，地域の特産品であるカツオやタイなどの魚介類の絵をかき，ふるさとの自然の恵みを表現しました。各々好きな色の台紙を選び，美しく，明るいイメージに仕上げました。
　2学期後半から3学期前半にかけては，自画像をかいて4年生の今の姿を残しました。白黒刷りの版画ですが，輪飾りなどの色鮮やかなものとあわせて掲示すると，見応え十分です。
　これらの作品は，保護者にも好評でした。
　我が子の作品の前で記念に1枚。「ハイ，チーズ！」

（山田　啓子）

行事カレンダーは1年間の思い出アルバム！

　今年度担任している6年生の教室に掲示している「行事カレンダー」です。
　行事を終えるごとに日付に色を塗っていきます。子どもたちは友だちと達成感を共有したり，次の目標を考えたりと，卒業までのカウントダウンをしながら，小学校生活最後の行事を大切にしています。月ごとに思い出の写真を貼ると，3月には思い出アルバムとしての卒業掲示に変身！　画用紙1枚を1か月分にすると写真も多く貼ることができるので，子どもたちの誕生日写真＆行事カレンダー等にもアレンジできます。
　思い出アルバムのページを開いてみませんか♪

おすすめポイント
★1年間の行事を見通すことができる。シーズンごとでもOK！
★「月」を英語にすると外国語活動への興味・関心 UP ＆復習にも効果的！
★学期ごとに台紙を変えたり，学年に応じてアレンジしたりできる。

（谷内　祥絵）

誕生日

みんなでお祝いしよう！

　お誕生日は，特別な日です。朝，教室に入ると，「〇〇ちゃん，お誕生日おめでとう！」という元気な声が聞こえてきて，朝からお祝いモードの子どもたち。そんな特別な日を，クラス全員でお祝いしましょう。

　誕生日に贈るものとしては，お祝いカードが多いのではないでしょうか。学年によっても違ってきますが，高学年になればなるほど，ぜひ子どもたちが手づくりしたカードを贈りたいものです。

　私のクラスには，イベント係がいます。その子どもたちが，次の月のお誕生日カード作成のために白い紙にその季節に合わせて形取ったイラストをかいて持ってきます。子どもたちがイラストをかくのは，1行だけで十分です。あとは，何人分（何枚）印刷すればよ

いか教えてもらって，こちらが印刷するようにします。係の子どもたちの負担をできるだけ少なくしてあげ，係の子どもたち自身も最後まで楽しんで活動できるようにするのも1つのポイントです。
　そして，子どもたちには，できるだけ早めにカードを渡します。そうする

と，友だち一人ひとりのためにゆっくりと心を込めてメッセージを書くことができますし，係の子どもたちも自分たちで締め切り日を考え，無理なく丁寧にカードを仕上げることができます。

誕生日の人を中心に，楽しく遊ぼう！

　月1回，学級会の時間を1時間子どもたちに預け，大きなお誕生日会を開くようにしています。ゲームの内容，時間の使い方等，すべて子どもたちに任せ，企画・運営させます。

　はじめは，とにかく楽しく遊ぶことが中心だった子どもたちでしたが，だんだんと「今月は○○ちゃんが誕生日だから，○○ちゃんを中心にしよう」と誕生日のお友だちを中心にした遊びを考え出すようになりました。

　例えば，「○○ちゃんクイズ」。
　「○○ちゃんは，最近とてもおもしろいことがあったそうです。それは，何でしょうか？」
　「え～，わからない！」
　子どもたちは，大騒ぎしながらもグループで相談して，答えを考えていきます。お誕生日で中心になった子どもも，友だちが一生懸命自分のことを考えてくれるので，うれしくて終始笑顔です。

　お誕生日という特別な日を，お誕生日の子どもも，まわりの子どもたちも笑顔になれるような素敵な一日にしていきたいものですね。

　ここからは，「誕生日」の具体的なアイデアをご紹介します！

（永田美奈子）

誕生日

みんな大喜び！
１年生に贈る誕生日カード

　私は、何年生になっても、誕生日にはカードを送るようにしています。高学年であれば自分たちでカードをつくってプレゼントすることができるのですが、１年生だとそういうわけにはいきません。そこで写真のような誕生日カードを贈ることにしました。

　厚めの白画用紙に、「おめでとう」の絵を印刷します。これは、全員同じなので人数分刷っておきます。右側の枠は、月によって違います。そして、子どもが好きな遊びをしている場面を撮影して貼ります。その下には教師からひと言。その後、月ごとに色の違う色画用紙に貼ったら、ちょっと立派なカードのでき上がりです。

　「すきなあそび」は、入学したばかりの１年生だからこそ記録しておきたいことです。この時期にしか贈ることのできないカードを子どもたちも心待ちにしているようです。

（永田美奈子）

学級全員で誕生日カードを贈ろう！

　一年に一度の特別な日，誕生日。クラスのみんなでお祝いをして，クラス中がいい笑顔になる日です。

　だれかの誕生日が近づいてきたら，みんなでメッセージカードを書きます。そして，台紙の周囲にカードを，中央部に集合写真を貼り，空いたスペースにその子らしさが表れている写真を添えます（上の写真は，6年生の修学旅行のときのものです）。

　代表者が誕生日カードを渡すときは，自然と拍手やハッピーバースデーの歌が聞こえてきます。

　その後，しばらくカードを見ながら，写真を撮ったときのことを思い出して友だちと話をしたり，友だちがどんなことを書いているか見合ったりして楽しみます。

（山田　啓子）

誕生日

みんなで誕生日を
お祝いしよう！

　私のクラスには，イベント係がいます。その係の子どもたちが，誕生日カードを作成します。

　誕生日の子どもの好きな色の画用紙に，クラス全員が書いたカード（季節に合った素材になっています）を貼ります。カードには，「おめでとう」という言葉だけでなく，その子のよいところを必ず書いてもらいます。

　そして，誕生日の子どもを真ん中にして，全員で写真を撮ります。誕生日の子どものポーズをみんなでまねして，ハイチーズ！　笑顔いっぱいの写真を表紙に貼ったらでき上がりです。

　係の子どもたちの優しさと工夫がたくさんつまったカード。そのカードを受け取った子どもたちは，思わずにこっと笑顔になります。

　そして，給食の時間に，みんなで牛乳で乾杯！　いつもより和やかな雰囲気で給食が始まります。

（永田美奈子）

お誕生日は特別な日！

　お誕生日はクラスのみんなにとって特別な日。普段，黒板は落書きをしてはいけない場所ですが，そこに自由に祝福の言葉や絵をかいてお祝いします。子どもたちは，朝の着替えや学習の準備をいつもより早くすませると，夢中になってかき始めます（黒板にチョークで文字や線をかく練習にもなります）。

　そして，きれいに飾られた黒板の前で，誕生日を迎えた子どもの写真撮影をします。笑顔いっぱいで，一日のスタートです（上写真）。

　先生のお誕生日だって，特別な一日になります。（右下写真）

　教室の後ろに，みんなのお誕生日がわかるように，「お誕生列車」（左下写真）を掲示しておくと，「次は〇〇さんだね」と，友だちの誕生日を心待ちにするようになります。

（小野塚　恵）

学級・集団づくり

学級づくりは授業づくりから集団づくりはかかわりづくりから

　子どもたちとの出会い，そして1年をどのようにつくっていくか，1年を終えたときの子どもたちの姿をどのように思い描くかは，年度はじめの大切な仕事の1つです。

　「どんな子どもたちだろう」「どんな子がいるかな」「温かい学級にしたい」「優しい学級にしたい」「思いやりのある学級にしたい」「明るい学級にしたい」「かしこい学級にしたい」「学級開きでは何をしようかな」「子どもたちはどんな反応をするだろうか」などと，新しい学級の誕生にあたって，担任はいろいろな思いを巡らせます。

学級づくりで大切なのは，集団で過ごすための最低限のルールがはっきりしており，みんながそれを守ろうとすることだと思います。「先生が叱るのは，友だちの心を傷つけたとき，危険なことをしたとき，うそをついたときです」などと宣言し，そのルールに従ってほめたり注意したりします。また，時には学級会で話し合うのもよいと思います。集団で生活する中で，人とどのようにかかわり，過ごしていくかはとても大切なことです。

　また，「授業を通して学級づくりをする」という思いで，授業の中での一人ひとりの考えを大切に見取ったり，子どもたちの言葉を取り上げてかかわらせたりしながら授業をつくることを心がけています。学級会で，「ふれあい係」を決めて，みんなで遊んだり，活動したりするのもよいと思います。
　メッセージカードに友だちのよさを見つけて書いたものを掲示するなど，心を言葉にして届ければ，見つけた子，よさを認めてもらえた子がよりよい関係になっていきます。
　学級で大切にしたいことについて年間を通して取り組み，掲示していくことで，よりよい仲間づくりにつながっていきます。

　ここからは，「学級・集団づくり」の具体的なアイデアをご紹介します！

（伊藤真由美）

学級・集団づくり

教室掲示は年間を見通して！

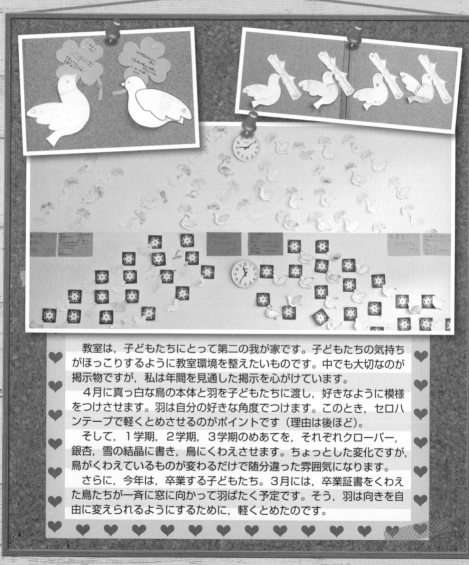

　教室は、子どもたちにとって第二の我が家です。子どもたちの気持ちがほっこりするように教室環境を整えたいものです。中でも大切なのが掲示物ですが、私は年間を見通した掲示を心がけています。
　4月に真っ白な鳥の本体と羽を子どもたちに渡し、好きなように模様をつけさせます。羽は自分の好きな角度でつけます。このとき、セロハンテープで軽くとめさせるのがポイントです（理由は後ほど）。
　そして、1学期、2学期、3学期のめあてを、それぞれクローバー、銀杏、雪の結晶に書き、鳥にくわえさせます。ちょっとした変化ですが、鳥がくわえているものが変わるだけで随分違った雰囲気になります。
　さらに、今年は、卒業する子どもたち。3月には、卒業証書をくわえた鳥たちが一斉に窓に向かって羽ばたく予定です。そう、羽は向きを自由に変えられるようにするために、軽くとめたのです。

（永田美奈子）

朝の健康観察は学級づくりの第一歩！

けんこうかんさつ

きょうのてーま

なつやすみに したいこと

　毎日行う朝の健康観察。これに，自分のことを話す時間をプラスするだけで，子どもたちが友だちのことをもっと知り，もっと興味をもち，仲良くなり，クラスがまとまるきっかけになります。
　例えば，「はい，元気です。わたしの好きな動物は…」「はい，鼻水が出ます。ゴールデンウイークにしたいことは…」「はい，咳が出ます。私のおすすめの本は…」などと，自分の健康状態とその日のテーマに合った自分の話をします。1日1つずつクラスの仲間のことを知ることができ，スピーチや友だちの話を聞く練習にもなります。同じクラスの仲間が，自分と似ているところや違うところがあることを知ることで，もっと知りたい，話してみたいという思いを抱くので，クラスの子どもたちをつなぎ，声をかけ合うきっかけになっています。

（西野絵里香）

学級・集団
づくり

オリジナルの学級通信題字をつくろう！

　学級通信の題字を毎号子どもたちのデザインにしました。

　5年生の学級通信「Believe」は、文字を白抜きにしたものを子どもたちに配付しました。子どもたちは、文字の中や外にイラストをかいたり、濃淡をつけたりと、それぞれオリジナルのデザインを楽しんでいました。

　6年生の学級通信「友」は、枠だけを指定したものを配付しました。子どもたちは、クラスの人数分の♡をつなげて文字に見立てたり、クラス全員の似顔絵をかいたり、頭文字でクラスのよいところを書いたりと、それぞれオリジナルの題字に。2回、3回と繰り返すと、クイズを書いたり、豆知識やコラムを書いたりと、子どもたちが自分から発信する場に変わっていきました。学級通信がミニ新聞に変身です♪

（谷内　祥絵）

ビー玉をためて，学級の一体感を高めよう！

　年度はじめに学級のめあてを決め，「さあ，いい学級をつくろう」とみんなで決意を固めますが，なかなか実践につながらないことがあります。
　そこで，子どものよさが光ったとき，みんながんばったときなどにビー玉を瓶にためていきます。子どもと話し合って，または教師の提案で，ある程度の基準を決めておき，帰りの会などで「よかったこと，うれしかったことの発表」や「学級のめあての反省」などをさせ，基準を達成するたびに透明な瓶（100円ショップなどで購入）に日直がビー玉を入れます。自分たちでよい学級をつくり上げていく過程が目に見えるので，一体感が高まります。
　学年の終わりには，ビー玉を魔法のキラキラビー玉※にしてプレゼントします。みんなの思いが詰まった素敵な宝物になります。

※ビー玉を電熱器で熱し，氷水に入れるだけ。熱し過ぎると割れやすくなります。小さな子が飲まないように注意。

（伊藤真由美）

学級・集団づくり

友だちに言葉の栄養をあげよう！

　子どもたちが新しい環境に慣れてきて，だんだんと友だち同士のもめごとも増えてくる時期。そのもめごとの原因の1つに「言葉」があります。そこで，子どもたちに次のように問いかけてみます。
『お花がもらうとうれしいのは何？』「お水」「肥料」
『じゃあ，みんながもらうとうれしいのは？』「プレゼント」「いい言葉」
『じゃあ，友だちに言葉の栄養をあげましょう！』
　自分で形をつくった水滴の紙に，もらうとうれしい言葉を書き，一人ひとりのめあてを書いたお花にかかるように掲示します。すると，「私の言葉はね…」と休み時間に笑顔で友だちと話をする姿が見られます。
　もう1つ，子ども同士よい関係を築くために，席替えをするごとに，同じグループの人のよいところやありがとうと伝えたいことを紙に書き，掲示します。自分のよいところを友だちに書いてもらうほど子どもにとってうれしいことはありません。

（永田美奈子）

素敵な表現を学級全員で共有しよう！

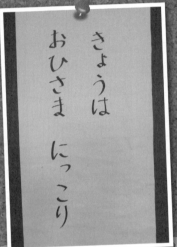

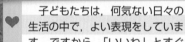

　子どもたちは、何気ない日々の生活の中で、よい表現をしています。ですから、「いいね」とすぐに教師の気持ちを伝えることはもちろん、ほかの子どもたちにも見えるように黒板に書いたり、紙に書いたりします。

　「きょうはおひさまにっこり」。外遊びが大好きな子が書いた詩です。雨の日が続き、久しぶりに外で遊べたときのこと、よっぽどうれしかったのでしょう。その短い詩を掲示し、学級のみんなに広げました。

　学習中にある子から出てきたさりげない言葉。「あなたの1歩」。様々な生活の中で、一歩を踏み出す励ましの言葉になりました。

　運動会や学習発表会などの学校行事の後、黒板に子どもたちへのメッセージを書いておきます。たいていは書いて伝えるだけですが、あるとき、横に「うん、そうよ」と書いてありました。とっても満足していたのだなとほほえましくて、思わず笑顔になりました。

（田中　敬子）

学級・集団づくり

クラスの年表をつくり上げよう！

　子どもたちと1年間かけてつくる掲示です。「私たちの1年間を残していこう！」と，空いた掲示スペースに，たくさんのハートを並べていきます。ハートは，一つひとつ意味をもっています。ピンクのハートはクラスの仲間の誕生日。黄色のハートはみんなで一緒に過ごした行事。緑のハートには感想。毎月のクラス写真やクラスでもらった賞状なども一緒に月の順番に掲示していくと，クラスの巨大な年表ができます。

　高学年でも，毎月クラス写真を撮るとき，「年表に入れるために，月に合ったポーズや背景にしたい」と言い始めます。掲示を見て，誕生日だから…と，前の黒板でお祝いを書いたり，給食で牛乳乾杯をしたり。学年が終わるころ，はじめは誕生日のピンクハートしかなかったものが，行事や感想など，思い出でいっぱいの掲示になります。

（重松　優子）

話し合いを再現しよう！

　集団づくりのために，話し合い活動を大事にしています。
　まずは，特別活動において，話し合いの仕方を共有します。議長は子ども全員が輪番制で行っていきます。議長・意見を述べる側の双方を務めることで，話し合い活動への臨み方に変容が見られます。特別活動での話し合いの経験は，他教科での活動でも効果が現れます。お互いに認め合う土台ができるからです。
　そのうえで，各教科で必要な話し合いの在り方を支援していきます。一番効果的だと感じるのは，「話し合いの再現」です。例えば，お互いの考えを深めたり再考したりする話し合いができている班に，話し合いを再現してもらいます。教師の指導より，友だちのやりとりを見る方が理解しやすく，身近で具体的な手本となります。
　教師による集団づくりも必要ですが，子ども同士が自分たちの力で集団をつくり上げていく支援のあり方を考えていきたいものです。

（赤垣由希子）

学級・集団づくり

みんなの声を聞かせて！

　すべての子どもの声をどう拾い，クラスのこれからにどう生かしていくか。また，その機会をどう増やしていくか。それが学級を高め合う集団に育てる鍵だと考えています。
　そこで，Ｂ４の色つき上質紙を八つ切りにしたものを，何色かまとめて教室の棚に置いておきます。発言の前のメモ，授業の最後のまとめ，行事の本番が近づいてきたときの決意，クラスで問題が起きたときの意見…などなど，様々な場面で活用できます。書いたものは後で掲示板や模造紙に貼れば教室掲示物にもなります。
　一番のおすすめは，友だちに渡す手紙として使う方法です。自己紹介やがんばりたいこと，友だちにインタビューした後の励ましの言葉をこの紙に書き，折りたたんで相手に渡します。手紙を読み，その中から一番うれしかった言葉をそれぞれが紹介すると，やわらかく温かい空気の中で子どもたちは必ず笑顔になります。普段は自分から発言しない子も，こんなに素敵な言葉をもっているんだとわかり，感動が広がります。

（木村　知子）

子どもたちの心がぴかり☆

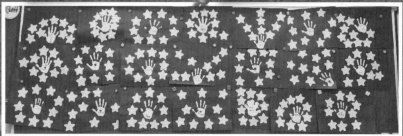

　5年生の子どもたちと人権月間に取り組んだ「ハッピースター☆」を紹介します。

　毎朝，1人1枚星型の紙を配ります。もらった紙の裏面に自分の名前とメッセージ（教えてほしいことや気になっていること等）を書きます。その紙を「ハッピーBOX」に入れてシャッフルし，1人に1枚ずつ（自分が書いたものにはならないようにして）配ります。

　もらった紙の表面には，裏面に書いてある友だちの輝きやがんばっていること，メッセージの返事を書き，教師に提出します（誤字脱字等をチェック）。表面には名前を書かないので，だれが書いたのかは教師以外にはわかりません。

　翌朝，「ハッピースター☆」の合言葉と共にオープン！　子どもたちは，「うれしい！　こんなこと書いてあるよ」「好きな食べ物同じだ！」と大喜びします。

　色画用紙に貼ると，ぴかりと輝くプラネタリウムに大変身☆

※参考文献「新教育課程対応　エンカウンターで学級活動12か月　小学校高学年」（明治図書）

（谷内　祥絵）

学級・集団づくり

花丸の活用で，学級づくりがもっとうまくいく！

　学級づくりの1つの方法として，花丸を活用しています。私の花丸の使い方は3段階に分かれます。
　最初は，花丸を大判振る舞いします。子どもたちをどんどんほめます。子どもたちは笑顔になり，やる気になります。そして，「先生，こんなことをしても花丸もらえる？」と，自分たちからほめられる行動を探し始めます。
　次は，花丸の価値づけの段階です。もうできるようになったことは花丸から卒業。できて当たり前のことと新たにできるようになったことは花丸の価値が違うということに気づかせます。
　最後は，クラスみんなで決めた目標を達成したときにもらえる花丸に進化します。
　花丸をあげるときは，私が「ミラクルマジカル花丸ポイ！」とビー玉を持った手で花丸を空中にかいて投げる真似をすると，「カキーン」と子どもたちは打ち返す真似をします。そして，ビー玉は箱の中に。ビー玉の数は子どもたちの賢くなった数なのです。

（工藤佳世子）

まずは楽しもう！
すきま時間にちょこっとダンス♪

　給食準備や帰りの準備などのすきま時間、子どもたちの元気が出る曲を教室に流すようにしています。子どもからの曲のリクエストには可能な限り応えています（上のスピーカーは、タブレット端末などとBluetoothでつなげばどこでも曲がかけられるすぐれもので、体育館でのダンス練習にも使えます）。

　振りつけのある曲が流れると、自然と体が動いて踊りだす子もちらほら。私は、待ってました！とばかりに「帰りの時間にクラスでダンスの練習しない？」と子どもたちに持ちかけます。うれしそうにする子、「えぇ〜っ！」と嫌がる子、反応は様々ですが「まぁまぁ、まずはできるところからでいいからさ！」と帰りの会に1、2分だけ練習を始めます。

　下手でもいいから、踊ることを楽しむ姿をめいっぱいほめていくと、最初はしぶしぶ体を動かしていた子も、2曲、3曲と重ねていくにつれ、踊るのが当たり前になってきて、表情が明るくなります。

　最近では、運動会の玉入れで使われる低学年の曲でも、高学年の子どもたちがノリノリで踊る姿が微笑ましく、誇らしくも思っています。のびのびと表現する自分を、友だちを受け入れる。ダンスと授業はきっとどこかでつながっている。そんな気がしてなりません。

（木村　知子）

学級・集団づくり

咲かせよう！ありがとうの花，がんばりの花

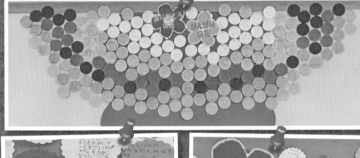

　我がクラスの合言葉は，「ありがとうの花をさかせよう！」。音楽の時間に学習した「ありがとうの花」をテーマソングに，ありがとうの花を咲かせようと，学級の仲間のよいところを見つけてカードに書き，伝え合ってきました。
　「朝の時間にわからない問題を教えてくれてありがとう」
　「私が遊ぶ人がいなかったとき，一緒に遊ぼうと言ってくれてありがとう。今度は私からも言うよ」
　そして，同時に咲きはじめたがんばりの花。
　「毎朝校庭10周のめあてすごいね。ぼくも追いつけるようがんばるよ」
　「1位じゃなくがんばることが大事って言ってたね。心が強いね」
　たくさんの花が教室の背面に掲示され，どんどん広がっています。
　実は今，学級には友だち同士のかかわり方で，悩みが生まれています。だけどこのクラスは大丈夫！　よいところやがんばりを男女問わずたくさん見つける仲間だから，きっと乗り越えていける。そう信じています。
　そして3月。「ありがとうの花」「がんばりの花」が咲き誇る教室で，26人の仲間と笑顔で修了式を迎えようと思います。

（渡部　恵）

班の協力，そしてリーダーづくり！

日付	10/5(木)	10/6(金)	10/7(土)	10/4	10/7	10/8(月)	このページの合計	今までの合計
1班	🐻	🐻	🐻	🐻	🐻	🐻	11	41
2班		🐷	🐰		🐰	🐻	6	29
3班		🐻	🐰		🐰	🐻	6	18
4班		🐻		🐻		🐻	5	19
5班		🐻	🐰		🐻	🐰	6	20
6班	🐰	🐻	🐻		🐻	🐻	11	32
7班	🐻	🐻	🐻		🐻	🐻	7	22
シールをゲットした理由	算数の準備	朝会の前並び	回の前並び	連絡帳書き	名札類等	帰りの会(いろいろ)	リコーダー	社会	帰り準備	自習	机の上 意の移動	体への移動		

班の協力（班長を中心に班員みんなで協力しよう）

　冬休み明け，子どもたちは席替えを楽しみにしています。新しい席，新しい班になったら，「班の協力」シールで子どもたちを成長させます。この取組の目的は，今やるべきことを考える子どもにすること，リーダーを育てること，班で協力して活動できるようにすること。指導のポイントは2つです。

❶認めた姿，実現してほしい姿を，具体的に伝える
　「教室移動のとき，机の上や椅子をしっかり整頓して席を離れていたね」「○○をしていた班は残念ながらなかったんだけど，どの班ができるようになるか楽しみにしてるね」など。

❷シールの枚数に差が出てきたら，班会議をさせ，班の様子を振り返って新たな作戦を考えさせる
　シールをもらうための作戦会議を重ねるたびに班がまとまり，班長は声かけをするようになっていきます。そして，子どもたちの笑顔も増えていきます。

（工藤佳世子）

1年生

1年生はみんなの宝物

　1年生は，どの学校にとっても宝物のような存在です。

　まずは，入学式。緊張して学校に入った1年生が，ほっとできるような掲示が学校中にされることでしょう。

　そして，2年生は，新しく入った1年生のために，何かプレゼントをしたり，6年生は，1年生のお世話をしたり，新しく入った1年生をみんなで大切にすることでしょう。

　それは，生活が始まっても同じように続きます。

　本校では6年生が，担当の1年生を含め，いろいろな1年生とたくさん遊んでくれたり，いろいろなお手伝いをしてくれたりするので，大変助かっています。

　特に助かったのは，給食の準備です。1学期は，6年生のお姉さんにたくさん助けてもらっていましたが，そのおかげで，今では，自分たちで上手に配膳ができるようになり，感心しています。

1年生が教室で安心して生活を送れるように

　さて，今や「6年生のお姉さん大好き！」となった1年生。そんなかわいい1年生が教室で安心して生活を送れるようにするには，どうしたらよいのでしょうか。

まずは,「自分は大切な存在」ということを理解してもらうことだと思います。例えば, p123の「みんなの名簿から習った文字を探そう！」では, ひらがなの学習と名簿を結びつけていますが, この方法だとすべての子どものひらがなに〇がつき,「みんな同じように大切」ということを感じさせることができるのではないでしょうか。

　次に,「子どもたちが本来もっている力を伸ばすこと」が大切です。1年生ですから, はじめは指導しなくてはいけないこともたくさんあることでしょう。でも, 1年生とはいえ, 1度教えてもらったらできることはたくさんあるのです。さらに, 自分たちで考えて, よりよい方向へと進んでいくこともできるのです。p125で紹介している「にこにこ言葉」は,「こういうときは, こう言いなさい」と指導したものではありません。子どもたちから自然と出てきた言葉をその都度取り上げ, 価値づけていったものです。私自身, 子どもたちの純粋さに心打たれることが何度もありました。その純粋さ, 子どもたちが本来もっている力を自然に伸ばしてあげたいと考えています。

　最後に,「学校だからこそのよさ」を実感させたいものです。学校のよさは, 自分一人では, 上手くいかないことも友だちと力を合わせればできるようになるということです。
　「みんなと力を合わせたからできた！」
　そんな経験を, 早いうちからたくさんさせていきたいものです。

　ここからは「1年生」の具体的なアイデアをご紹介します！

（永田美奈子）

1年生

お祝い掲示を学習に生かそう！

　1年生の教室やフロアの飾りつけは，教師が協力して新年度の共同作業として行われると思います。
　安全・安心・清潔が一番ですが，喜びやお祝い，歓迎の気持ちを表現し，学校が楽しいところであると感じてもらいたいものです。
　また，掲示物がそのまま教材になると一石二鳥です。
　例えば，1年生のはじめの方の算数の学習「1対1対応」「10までの数」で，教室やフロアの掲示物を活用することができます。掲示物から色，男女，持ち物，服装など様々な属性を見つけさせたり，数を数えさせたりすることで，身の回りにある算数を自ら見つけ出す学習活動を展開できます。
　ラミネートしておけば，移動も容易にすることができ，他の学習に生かすことができます。

（伊藤真由美）

みんなの名簿から習った文字を探そう！

　1年生の1学期。入学式で張り出した新入生名簿をそのままひらがなの学習に活用するととても便利です。

　教科書やひらがな学習帳で，筆順やとめ，はね，はらいなどを学習した後に，新入生名簿を使ってその日に習った文字をみんなで探していきます。例えば「あ」「い」「う」を学習したら，名簿の中の「あ」「い」「う」の文字を探して○で囲んでいくのです。日に日に○印が増えていくので，みんなが自分の名前の文字はいつ出てくるかと心待ちにしています。ひらがなの学習が後半に入ると，「今日は○○君の名前が全部そろうね」とか「私の名前はなかなか増えないな」「今日はだれの名前にも○つかないね」などと言い合って子どもたちは興味津々。すべての文字に○印がついた日は，みんなが拍手して大喜びしました。クラスが自然と1つになって盛り上がる瞬間です。

（泉澤　貴子）

1年生

新入生に校歌巻物を贈ろう！

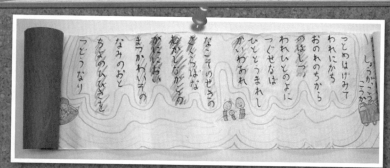

　子どもたちにとって校歌は特別な歌で，特に1年生は，入学したらまず覚えたい歌でもあります。

　そこで，上級生が心を込めて校歌を書き（すべてひらがなで），巻物にしてプレゼントします。忍者巻物のように広げていくと続きが出てくるので1年生も喜びます。

　材料は，トイレットペーパーの芯，装飾用の折り紙，校歌を書く紙，巻いた状態で留める輪ゴムの4つです。

　校歌が長い場合は，一番だけにします。取り組む学年によっては，字がきれいな子どもが書いたものをコピーし，色づけや絵つけだけ各自で行うようにすると，活動がスムーズです。

（小野塚　恵）

「にこにこ言葉」を増やしていこう！

　久しぶりの1年生担任。
　入学式でどんな話をしようかと悩んでいたら，筑波大学附属小学校の森本隆史先生からアイデアをいただきました。森本先生は，子どもたちに，『「ごめんね」「ありがとう」「だいじょうぶだよ」と言える子はいいなぁ』と話すそうです。
　そこで，私も少しアレンジしてその3つの言葉の話をしました。子どもたちに，まず「ごりら」の絵を見せ，「ご」のつく言葉を考えさせます。「ごめんね」と元気な声が返ってきました。続けて「あり」「パンダ」の絵を見せました。すると，「パンダ」の絵のとき，子どもが言ったのは「だいすき」でした。この言葉もとてもいいなと思い，次の日に，「らくだ」の絵と一緒に「だいすき」も掲示しました。その後，子どもたちから様々な素敵な言葉が出てきたので，「1年2組にこにこ言葉」と称し，その都度動物の絵と一緒に掲示しました。教室はちょっとした動物園に。掲示された言葉を使い，子どもたちは心優しく育っています。

（永田美奈子）

1年生

親子でしりとりをしよう！

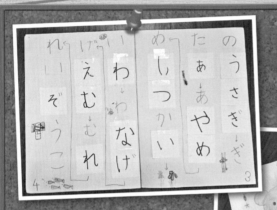

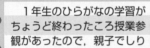

　1年生のひらがなの学習がちょうど終わったころ授業参観があったので，親子でしりとりをしてもらおうと考えました。

　その下準備。4.5cm四方の正方形を子どもたちに渡し，ペンで「あいうえお」を書かせました。間違えても大丈夫なように，紙はたくさん用意しておきます。1日に2行ずつ書かせます。それぐらいだと，子どもたちは，「楽しい」と言いながら丁寧に書くことができました。そして，B4のケント紙にセロテープで仮どめをさせます。ケント紙だと，セロテープをはがしたときにそんなに汚くなりません。

　いよいよ参観日。自分でつくった「ひらがなのひょう」からひらがなを取って，しりとりをつくっていきます。お家の方も一緒になってしりとりをしている様子は，ほほえましいものでした。残りは宿題にしましたが，「お家の人と一緒にしたよ」と，子どもたちはうれしそうに宿題を持って来ました。学校で表紙や言葉に絵をかいて，世界に1つしかないしりとりブックができ上がりました。

（永田美奈子）

1年生のプレゼントは先生の宝物！

子どもたちがかいてくれた絵やお手紙，みなさんはどうしていますか？

1年生の子どもたちは，次から次へと絵やお手紙，折り紙でつくった作品をくれます。はじめは，棚の扉に貼っていたのですが，だんだんそのスペースがなくなってきました。新しくもらったものを貼るのですが，前にもらったものを捨てるわけにもいかず…。そこで考えたのが，本にすることです。

つくり方は簡単。色画用紙を半分に折り，背をテープでつけて本のようにするだけです。これなら次々ページを増やすことができます。

1年生のときの手紙や作品は貴重。私はこれをずっと持っていようと思っています。

（永田美奈子）

管理・収納

上手な収納で効率アップ

　職員室は校務分掌に関連する書類を保管します。教室は子どもたちの所持品や作品を掲示します。いずれも日々の生活で必要なものをすぐに活用することができると，効率が上がります。収納のコツは，中が見えること，取り出しやすいこと，そして，使用頻度が高いものが近くにあること。こうしたルールがあるとものの管理がしやすくなります。

収納，掲示の仕方で探す時間と手間いらず

　年度はじめ。新教室に自分の荷物，学級の物品，そして大量のテストやプリント類。これらをどのように収納するかで頭を悩ませることはありませんか？　テストやプリントの内容がすぐに確認できて取り出しやすい収納，学級の物品がいち早く確認できる収納は，探す時間と手間を減らしてくれます。
　また，作品の掲示の仕方にも工夫があると，学期末の作業が軽減されます。
　学期末，子どもたちに作品を持ち帰らせるとき，分類し，きれいな表紙などをつけて持ち帰らせたいという願いはあるものの，学習のまとめに時間がとられたり，教室・ロッカー・下駄箱等の掃除をさせたりと，子どもたちにやらせるべきことがたくさんあります。そんなときに，時間をかけずに丁寧に子どもの作品を保護者に届けることができたら助かりますね。

例えば，習字の掲示。習字収納ケースに入れるとき，半紙は薄くて折れ曲がったり，前の作品の上に重ねようとするとなかなかきれいに重ねて入れることが難しかったり。そこで便利なのが，色画用紙に貼りつけるという方法です。ここでのポイントは，四つ切りの色画用紙を半
分に折り曲げ，切らずに使うことです。半分に折り曲げたままの色画用紙に習字の作品を貼り，掲示します。切らない理由は，学期末には折り曲げたところを表に折り返し，表紙として使うのです。壁から外して，表面にタイトルを貼りつけ，名前を書かせれば，1年間の習字作品集のでき上がり。そのまま持ち返らせることができます。

　ここからは，「管理・収納」の具体的なアイデアをご紹介します！

（工藤佳世子）

管理・収納

職員室机を
スッキリ使おう！

　私は，職員室の机を5つの場所に分類しています。
❶机の真ん中の平べったく広い引き出し　❷机上
❸右側の一番深くて大きい引き出し　　❹足元
❺右側の1・2段目の引き出し
　各場所の使い方は，以下の通りです（❺は細かいものを入れているので省略）。
❶常にチェックする入れっぱなし厳禁ゾーン。渡された資料はすぐに透明ファイルに入れるかクリップをつけて引き出し左側へ。今日中にやる仕事は右側へ。緊急のものは赤ファイルに入れて右側へ。
❷授業で使うもの
❸学年や校務に関係するもの
❹通信簿や文集，地域の研修会など学期に数回使うもの
　❸の引き出し右側には分類番号もついていて，これはパソコンのフォルダの番号と同じにしているので，書類を探すのにも役立ちます。

（工藤佳世子）

テスト，プリントをすっきり収納しよう！

　教室でのテストやプリントの収納に困ったことはありませんか？　既習のプリントやミニテストをすぐに見つけ出すことのできる収納の方法を，国語と算数を例に紹介します。
　5段ある棚のうち，2段をテスト・プリント用に使用します。
　上段は左からテスト，ドリル付属のミニテスト，テスト付属のプレテスト（算数，国語）の順に置いています。国語テストの箱（下の箱）は，右の写真のように100円均一の書類立てを2つ横に倒し，その中に箱を入れることで引き出せるような仕組みになっています。プリントは，書類立てを普通に縦に使い，プリント自体が自立するようにして，大きさに関係なく内容をめくって見られるようにしています。
　下段は，形成プリント置き場。既習のプリントは向きを変えて置いておくことで，宿題に出すときにも迷わずすぐに取り出せます。

（工藤佳世子）

管理・収納

掲示の仕方を工夫しよう！

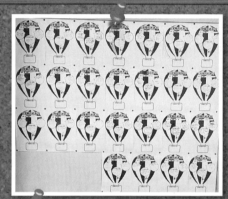

　掲示物をたびたびはがして貼り替えるのは時間がもったいないので，教室内の掲示板を内容別にエリア分けしています。「目標のコーナー」「当番や係のコーナー」「新聞などの作品コーナー」などです。
　「新聞などの作品コーナー」は，はじめからＢ４のクリアファイルを掲示板に貼り，その中に作品を入れていきます。学期末には，このＢ４のファイルに子どもの様々な作品が収められているので，１学期間の学習の成果物として，家庭に持ち帰らせます。
　廊下の掲示板は，より多くの人に見てもらいたいので，掲示の位置を低めにするなど，子どもの目線に合わせた貼り方を心がけています。

（河内麻衣子）

みんなのアイデアで教室を整理整頓しよう！

　教室のペン等がバラバラになっているのを見つけると，それぞれの分類方法で整理し見せに来てくれる子どもたち。はじめは，油性と水性だけに分けていましたが，子どもたちの「もう少し取り出しやすく，見やすくしたい」という声から，カゴを増やしました。

　しばらく様子を見ていると，今度は書きやすさチェックを始める子どもたち。「インクが少ないものには，シールを貼るとわかりやすくなる！」と子どもたちの声から，教室の整理整頓アイデア大会が始まりました。よりよい学級をつくるために動く子どもたち。子どもたちの素直な声の大切さに改めて気づかされるひとときでした。

　いつもは茶封筒に入れていた教材も，「透明だったらすぐに取り出せるね！」のひと言から，すべて透明のチャックつきのものにチェンジしました♪

（谷内　祥絵）

【執筆者一覧】

永田美奈子（雙葉小学校）

赤垣由希子（青森県野辺地町立野辺地小学校）
泉澤　貴子（青森県八戸市立鮫小学校）
伊藤真由美（福島県会津若松市立城北小学校）
小野塚　恵（福島県いわき市立泉北小学校）
加藤　彰子（福島県矢吹町立矢吹小学校）
木村　知子（東京都江戸川区立南篠崎小学校）
工藤佳世子（弘前大学教育学部附属小学校）
桑原　麻里（宮崎市立大淀小学校）
河内麻衣子（東京都豊島区立高南小学校）
重松　優子（大分県別府市立南小学校）
田中　敬子（広島市立仁保小学校）
谷内　祥絵（京都府南丹市立八木西小学校）
時川えみ子（聖心女子学院初等科）
西野絵里香（大阪府豊中市立桜井谷東小学校）
平岡　陽子（岡山市立庄内小学校）
福島　淳子（鹿児島市立清和小学校）
山田　啓子（高知県須崎市立浦ノ内小学校）
横須賀咲子（東京都台東区立金曽木小学校）
吉村　智美（国立学園小学校）
渡部　恵（福島県喜多方市立第一小学校）

【著者紹介】
ひまわりの会（ひまわりのかい）
平成22年度，女性教師の会として，青森県で立ち上げ。授業研究会を中心とし，第1回，第2回，第3回は青森県で，第4回は福島県で，第5回，第6回は東京都で，「子どもの言葉」をテーマにした授業研究会を行う。その際には，筑波大学附属小学校の田中博史先生，夏坂哲志先生，現熊本市立白川小学校長の宮本博規先生をお迎えし，ご指導を仰いだ。現在も全国から女性教師が集まり，実践発表会などを通して活動中。

クラスが和む
教室環境づくりほっこりアイデア帳

2019年2月初版第1刷刊 Ⓒ著者 ひまわりの会
発行者 藤原光政
発行所 明治図書出版株式会社
http://www.meijitosho.co.jp
（企画）矢口郁雄 （校正）大内奈々子
〒114-0023 東京都北区滝野川7-46-1
振替00160-5-151318 電話03(5907)6701
ご注文窓口 電話03(5907)6668

＊検印省略　　　　　組版所 長野印刷商工株式会社

本書の無断コピーは，著作権・出版権にふれます。ご注意ください。

Printed in Japan　　　　　　　　　ISBN978-4-18-161031-9
もれなくクーポンがもらえる！読者アンケートはこちらから　→

学級,授業づくりが楽しくなるアイデア満載！

静岡教育サークル「シリウス」編著

学級力がアップする！
教室掲示&レイアウト アイデア事典
144p／1,700円+税　図書番号【1153】

クラスがみるみる活気づく！
学級&授業ゲーム アイデア事典
144p／1,800円+税　図書番号【1612】

子どもがいきいき動き出す！
係活動システム&アイデア事典
144p／1,800円+税　図書番号【1742】

クラスがぎゅっとひとつになる！
成功する学級開きルール&アイデア事典
160p／1,900円+税　図書番号【0508】

子どもが進んで動き出す！
掃除・給食システム&アイデア事典
160p／1,860円+税　図書番号【1970】

子どもがイキイキ取り組む！
朝の会&帰りの会 アイデア事典
152p／1,800円+税　図書番号【2085】

進んで学ぶ子どもが育つ！
授業づくりメソッド&アイデア事典
160p／1,860円+税　図書番号【2494】

クラスがもっとうまくいく！
学級づくりの大技・小技事典
160p／2,000円+税　図書番号【1944】

子どものやる気がぐんぐんアップ！
授業づくりの小技事典
144p／1,800円+税　図書番号【1882】

アイスブレイクからすきま時間まで
学級&授業 5分間活動アイデア事典
152p／1,800円+税　図書番号【2263】

明治図書　携帯・スマートフォンからは **明治図書ONLINE** へ　書籍の検索、注文ができます。▶▶▶

http://www.meijitosho.co.jp　＊併記4桁の図書番号でHP、携帯での検索・注文が簡単にできます。

〒114-0023　東京都北区滝野川7-46-1　ご注文窓口　TEL 03-5907-6668　FAX 050-3156-2790